Herbert Wirths

Das Gesundheits-Kochbuch

Deni Druck & Verlag

Inhalt

Alle Rezepte sind auf
vier Personen ausgelegt, sofern nicht
anders angegeben.

Der Mensch ist, was er ißt!

„Eure Lebensmittel sollen eure Heilmittel sein und eure Heilmittel sollen eure Lebensmittel sein."

Ein Zitat von Hippokrates, auf das ich mit meinem heutigen Wissen als Ärztin meinen Eid ablegen würde. Wilhelm Kanne war hierbei der Mensch, der mich seit Anbeginn unserer Bekanntschaft immer wieder auf diesen Lehrsatz aufmerksam gemacht hat. Das *Essen* hat heute vielerlei soziale und gesundheitliche Bedeutungen inne und rückt immer mehr – durch das zunehmende Gesundheitsbewußtsein der häuslichen Köche und Köchinnen – auf seinen ursprünglichen Stellenwert, dem Menschen mit all seinen innewohnenden Vitalstoffen nährend zu dienen, zurück.

Reden wir in der Sprechstunde über Ernährung, so sind die meisten Patientinnen schon mit einer großen Auswahl an Kochbüchern und Informationen zum Thema Vollwerternährung versorgt. Die Ratschläge für individuell gerechte Nahrungsweisen sind hier bedingt durch die Eigeninitiative und Eigenverantwortung der Patientinnen meist leicht umzusetzen.

Körper, Geist und Seele nähren sich heute mit allzuvielen Stoffen, die nicht aus der Natur der Erde erwachsen sind und an die sich die Natur des Menschen in der rasenden Geschwindigkeit der Entwicklung nicht adaptieren konnte. Bereits viele Menschen treffen hier die richtige Schlußfolgerung, sich selbst in höchstem Maße mit den ihnen zur Verfügung stehenden Substanzen der Natur zu versorgen, um sich so einen „natürlichen Schutz" aufzubauen.

Denn der Mensch mit seinem Wissen und Intellekt hat gerade hier die Möglichkeit, ins Weite zu sehen und sich die Erfahrungen der Natur nutzbar zu machen. Dies in einer das gesamte System des menschlichen Daseins beleuchtenden Weise.

Was hat dies nun alles mit Ernährung zu tun? Die Zunahme von chronischen Erkrankungen und Krebsleiden lassen die Menschen immer mehr erwachen, aktiv an ihrer Gesundheitsgestaltung mitzuwirken. Hier sind Ernährung und sportliche Aktivität die wichtigsten Faktoren der Gesundheitsförderung.
Gesunde Ernährung setzt sich

nach den Richtlinien der Deutschen Gesellschaft für Ernährung (DGE) vornehmlich aus pflanzlichen Lebensmitteln zusammen, wie Brot, Gemüse, Getreide und Getreideprodukte, Obst, Hülsenfrüchte und Kartoffeln. Eine untergeordnete Rolle spielen Milchprodukte, Eier, Fisch und Fleisch. Die Betonung bei der zur Zeit gültigen Ernährungsempfehlung liegt in erster Linie auf der Reduktion des Fettverzehrs unter zusätzlichem Austausch der bisher verwendeten gesättigten Fetten (tierische Fette) mit ungesättigten Fetten, wobei insbesondere Sonnenblumen-, Oliven-, Raps- und Leinöl zu empfehlen sind. Butter und Sahne in angepasstem Maß sind in einer gesunden und vollwertigen Ernährung ebenfalls zu empfehlen.

Die neuesten Trends sind die tägliche Einnahme von synthetisch hergestellten Vitaminprodukten, die mittlerweile überall erhältlich sind; dies entspricht doch nicht dem Hintergrund der Ernährungsleitlinien. Die mittlerweile als anticancerogen und antibakteriell wirksamen erkannten Stoffe der pflanzlichen Lebensmittel sind neben Vitaminen, Spurenelementen und Ballaststoffen insbesondere die *sekundären Pflanzenstoffe,* denen sich heute in besonderem Maße die Wissenschaft widmet.

Keine aus dem Verband der Nahrung selektierte Einzelsubstanz kann die komplexe Wirkung der aus einer ausgewogenen Nahrung zugeführten Stoff- und Wirkungsvielfalt übernehmen. Hier sind noch immer die Erfahrungsschätze der Ernährung nutzbar zu machen, die schon früher zur Gesunderhaltung eingesetzt wurden. Die Köche und Köchinnen, die dies erkannt haben, wissen, wie sie ihre vollwertige Ernährung aus dem Angebot der Natur mit Genuß gestalten können.

Die fermentierten Lebensmittel (milchsauer vergorene Lebensmittel) erhalten hierbei noch immer eine zu geringe Bedeutung. Bereits vor Beginn des Ackerbauzeitalters war die Milchsäuregärung bekannt zur Konservierung von kohlartigen Pflanzen und galt als die Vitamin-C-Versorgung für die Wintermonate. Ohne Zusatz von Chemie ist dies ein uns auch heute noch zur Verfügung stehender Mechanismus, um Lebensmittel haltbar zu machen und diese in ihrem Nährwert zu erhöhen. Heute sind aus dieser Lebensmittelgruppe oft nur noch Joghurt, Salzgurken und Sauerkraut bekannt. In vielen wissenschaftlichen Arbeiten wurde die Auswirkung der fermentierten Lebensmittel mit ihrer antibiotikaähnlichen, krebswachstumshemmenden und immunsystemstärkenden sowie cholesterinsenkenden Wirkung aufgezeigt. Die dafür verantwortlichen Einzelstoffe sind noch nicht alle entdeckt. Es ist anzunehmen, daß die Kombination der Milchsäurebakterien mit ihren bakteriellen Enzymen für die Wirkung, insbesondere auf den Darm mit seiner Bakterienwelt und dem ihm angeschlossenen Immunsystem von Bedeutung ist.

Heute, wo immer mehr Menschen erkennen, daß es höchste Zeit ist, sich wieder der Natur zuzuwenden und sich die Errungenschaften der Natur zu Nutze zu machen, gehört diese Lebensmittelgruppe mit an die erste Stelle. Ist der Körper erkrankt und die Kommunikation mit Geist und Seele gestört, so braucht der Mensch höchste Zuwendung und die individuelle Dosis (innerlich und/oder äußerlich) an Heilmitteln. Zu den Lebensmitteln, die wir zu unseren Heilmitteln ernennen können, gehören ganz sicher die fermentierten Lebensmittel.

Zur Vorbeugung, aber auch wenn der Körper sich von einer Erkrankung erholt, steht Genuß als oberstes Gebot zur Steigerung der Lebensfreude. Was liegt da näher, als die Lebensmittel genußvoll zu verzehren, die uns helfen, uns gegen Krankheiten zu schützen. In diesem Kochbuch werden neue Ideen vermittelt, wie leicht die milchsaure Küche unter Verwendung von Brottrunk und Enzymfermenten zu gestalten ist.

Ich wünsche viel Spaß bei der Zubereitung, viel Genuß beim Verzehr und eine lang währende Gesundheit.

Dr. med. Astrid Blank
Oberärztin der Ambulanz
für Naturheilkunde
Universitäts-Frauenklinik
Heidelberg

Am Anfang stand eine Idee

Schon vor über 30 Jahren erkannte Wilhelm Kanne sen., daß Brot mehr ist als nur ein Lebensmittel und daß im Brot Kräfte stecken, die für unsere Gesundheit gut sind. Bestätigt wurde er darin von alten medizinischen Schriften, in denen immer wieder die gesundheitsfördernden Eigenschaften des Brotes hervorgehoben wurden. Besondere Beachtung fand dabei der Pumpernickel, der auch „das schwarze Brot der Westfalen" genannt wurde. So verwendete beispielsweise der bekannte Arzt und Chemiker Friedrich Hoffmann (1660-1742) für die Herstellung seiner „Hoffmanns Tropfen" überwiegend Pumpernickel.

Auch andere Ärzte schätzten die heilsame Wirkung des Pumpernickels hoch ein. Dabei galt Pumpernickel als die gesündeste aller bekannten Brotsorten. Aus diesem Brot bereitete man auch einen Trunk, der als äußerst heilsam galt, man nannte ihn „Brautwater." Er wurde angesetzt, indem man einige Scheiben Pumpernickel mit kochendem Wasser übergoß. Hier setzte Wilhelm Kanne an. Er nahm Vollkornbrot und gab Quellwasser hinzu, um das Brot zu fermentieren und ein vergorenes Brotgetränk zu erhalten. Erste Versuche wurden angesetzt und führten zu einem fein-säuerlichen, aromatischen Getränk, dem Brottrunk. Mit diesem Getränk führte Wilhelm Kanne verschiedene Versuche durch. So ließ ein solcher Brottrunk-Ansatz eine schmierige Flüssigkeit aus einem unglasierten Tontopf treten. Dieses Phänomen zeigte Wilhelm Kanne dem bekannten Getreideforscher und Gärbiologen Professor Adolf Schulz. Dieser erkannte wie Wilhelm

Kanne die reinigende Kraft des Brottrunks, der den unglasierten Topf von innen nach außen gereinigt hatte. So reinigt sich aber auch die menschliche Zelle! Professor Schulz gab Wilhelm Kanne den Ratschlag, die Versuche in größeren Nirosta-Behältern fortzusetzen. Dies führte zur Herstellung des heute unter der Bezeichnung „Original Kanne Brottrunk" im In- und Ausland bekannten Getränks.

Von Anfang an positive Erfahrungen mit Brottrunk

Schon die ersten Versuche zeigten, daß sich Wilhelm Kanne auf dem richtigen Weg befand. Das neue Brotgetränk erwies sich als ideal für das Wohlbefinden des Menschen. Durch seine Beobachtungen und Forschungsarbeiten erkannte er, daß dabei den im Brottrunk enthaltenen Bakterien, den sogenannten Brotsäurebakterien, eine grundlegende positive Bedeutung zukommt. Bakterien wirken bei allen Verdauungsprozessen mit, sie erschließen unsere Nahrungsmittel und setzen dadurch wertvolle Nährstoffe frei. Dabei muß man freilich zwischen „guten" und „schlechten" Bakterien unterscheiden. Beide müssen in einem bestimmten, ausgewogenen Verhältnis zueinander stehen. Überwiegen die „negativen" Mikroorganismen, kann es zur verstärkten Ansiedelung unerwünschter Pilze und dadurch zu Entzündungen kommen. Die erwünschten milchsäurebildenden Bakterien regulieren dagegen die Darmflora und wirken sich somit positiv auf unsere gesamte Gesundheit aus. Schon die ersten Untersuchungen zeigten, daß die positive Wirkung des Brottrunks einerseits in einem engen Zusammenhang mit den darin enthaltenen säurebildenden

Brotsäurebakterien steht, andererseits aber auch auf die Enzyme zurückzuführen ist, die sich im Laufe des monatelangen Gärungsprozesses bilden. Unter der Leitung von Prof. Dr. med. Fritz Matzkies in Bad Neustadt/Saale wurde der Brottrunk erstmals unter wissenschaftlichen Aspekten geprüft. Es stellte sich nicht nur eine auffallend gute Verträglichkeit heraus, sondern auch ein merklicher Abfall des schädlichen LDL-Cholesterins. Der wichtige HDL-Wert wurde dabei stabilisiert.

Dr. Wolfgang Klemm vom Forschungsinstitut Manfred von Ardenne in Dresden untersuchte den Einfluß von Brottrunk auf den Sauerstoffpartialdruck. Dabei erreichten die Versuchspersonen eine höhere sportliche Leistungsfähigkeit und eine Erhöhung der Sauerstoffwerte. Andere Untersuchungen, wie z.B. die des Sportarztes Dr. Peter Billigmann zeigten, daß Hochleistungssportler wie z.B. Schwerathleten, Radrennfahrer und Handballer Leistungssteigerungen erzielen konnten. Prof. Dr. R. Grossarth-Maticek stellte in Untersuchungen fest, daß nach Einnahme von Brottrunk Grippe, Erkältungskrankheiten und andere Infekte in einem dreimonatigen Untersuchungszeitraum wesentlich seltener auftraten. Zusätzlich fühlte sich die Versuchsgruppe auch wohler und leistungsfähiger als vor der Brottrunk-Behandlung. Dr. Ionescu von der Neurodermitisklinik Neukirchen gelang der Beweis, daß durch Trinken von Brottrunk pathogene (krankmachende) Keime abgetötet wurden. Die Symbionten, also die „guten" Keime wurden dagegen gestärkt. Die Darmpilze normalisierten sich. In der Folge wurde die regelmäßige Anwendung von Brottrunk sogar vom Bundesverband Neurodermitiskranker empfohlen.

Im Laufe der Jahre hat Wilhelm Kanne diesen Erfahrungsaustausch mit Forschern, Wissenschaftlern und Medizinern ständig ausgebaut. Mittlerweile liegen zahlreiche Studien und Forschungsergebnisse über die positive Wirkung von Brottrunk und der darin enthaltenen Brotsäure-Bakterien vor.

Zusätzlich hat das Hause Kanne über die Jahre hinweg aber auch eine Flut positiver Rückmeldungen von Menschen erhalten, die mittels Brottrunk von den unterschiedlichsten Beschwerden befreit wurden.

Brottrunk-Herstellung

„Original Kanne Brottrunk" wird nunmehr seit 1981 nach einem patentierten Verfahren hergestellt. Dazu wird zunächst ein spezielles Brot gebacken, wofür Getreide aus kontrolliert ökologischem Anbau verwendet wird sowie ein hauseigener Sauerteig. Dieser wird noch nach einem alten traditionellen Verfahren hergestellt. Man läßt den Teig besonders lange säuern, dadurch entstehen wichtige Enzyme, die zur Herstellung des Brottrunks notwendig sind. Das aus diesem Teig gebackene Brot wird mit Quellwasser versetzt und monatelangen Gärungsprozessen ausgesetzt. Dabei entstehen Brotsäurebakterien, eine besondere Spezies der positiven Milchsäurebakterien, die in der Lage sind, die reinigende Wirkung des Organismus von außen und innen zu unterstützen. Außerdem bilden sich dabei auch Enzyme, die für die verschiedensten Stoffwechselprozesse im menschlichen Organismus notwendig sind. Natürlich enthält der Brottrunk auch diverse Mineralstoffe und Spurenelemente, die aus dem gebackenen Brot herausgelöst wurden. Sobald der Gärprozeß abgeschlossen ist, wird der Brottrunk abgezogen, gefiltert und abgefüllt.

Die bei der Brottrunk-Herstellung übriggebliebene Gärsubstanz enthält besonders viele Brotsäurebakterien und Enzyme, aber auch Vitamine, Mineralstoffe, Spurenelemente und vor allem Ballaststoffe in konzentrierter Form. Diese Substanz wird getrocknet und gemahlen und unter der Bezeichnung Kanne Original Enzym-Ferment Getreide" verkauft.

Inhaltsstoffe von Original Kanne Brottrunk®

Welcher Verbraucher möchte nicht gerne genauer wissen, was in den Lebensmitteln, die er täglich zu sich nimmt, so alles drin steckt? Aber längst nicht jeder Lebensmittelhersteller verfügt über genaue Analysen seiner Produkte. Viele wollen sich auch nicht in die Karten sehen lassen, wenn es um die genaue Zusammensetzung ihrer Erzeugnisse geht. Ein Verhalten, das besonders Allergiker vor große Probleme stellt. Ganz anders sieht es bei Brottrunk und Enzym-Ferment Getreide aus.

Inhaltsstoffe

1. Fett, gesamt:	**< 0,1 g/100 ml**
2. Eiweiß, gesamt:	**1,1 g/100 ml**
3. Kohlenhydrate:	**0,06 g/100 ml**
4. Ballaststoffe:	0,13 g/100 ml
5. Wasser:	98,5 g/100 ml
6. L-Milchsäure:	0,46 g/100 ml
7. D-Milchsäure:	0,52 g/100 ml
Gesamt:	98,5 g/100 ml
physiologischer Brennwert:	**32,8 kJ (7,7 kcal)/100 ml**

Mineralstoffe

Chlorid:	70 mg/100 ml
Natrium:	0,056 g/100 ml
Kalium:	0,25 mg/100 ml
Calcium:	13,6 mg/100 ml
Magnesium:	9,3 mg/100 ml
Phosphor:	19,7 mg/100 ml
Eisen:	0,37 mg/100 ml
Zink:	0,21 mg/100 ml
Mangan:	0,09 mg/100 ml
Kupfer:	0,028 mg/l
Selen:	<0,04 mg/l

Vitamine

Vitamin A:	< 34,4 µg /100 ml
Vitamin B_1 (Thiamin):	0,01 mg/100 ml
Vitamin B_2 (Riboflavin):	< 0,02 mg/100 ml
Vitamin B_6 (Pyridoxin):	< 0,01 mg/100 ml
Vitamin B_{12}:	< 0,2 µg/100 ml
Vitamin C:	< 0,01 mg/100 ml
Vitamin D:	< 1 µg/100 ml
Vitamin E:	< 0,01 mg/100 ml
Biotin:	< 1 µg/100 ml
Niacin:	0,09 mg/100 ml
Folsäure:	< 5 µg/100 ml
Pantothensäure:	< 0,05 µg/100 ml
Vitamin K_1:	35 ng/100 ml

Aminosäuren

L-Alanin:	330 mg/l
L-Arginin:	330 mg/l
L-Asparaginsäure:	400 mg/l
Glycin:	420 mg/l
L-Glutaminsäure:	140 mg/l
L-Isoleucin:	< 200 mg/l
L-Leucin:	300 mg/l
L-Methionin:	< 200 mg/l
L-Serin:	390 mg/l
L-Threonin:	300 mg/l
L-Tyrosin:	200 mg/l
L-Valin:	200 mg/l
L-Lysin:	360 mg/l

Untersuchungsergebnisse:
Lebensmittel-Labor Dr. Weßling, Altenberge

Inhaltsstoffe von Kanne Enzym-Ferment-Getreide®

Kaum ein Lebensmittel wird so intensiv untersucht wie Brottrunk und Enzym-Ferment Getreide. Wilhelm Kanne legt größten Wert darauf, daß jederauf das Genaueste erfahren kann, was in seinen Produkten enthalten ist. Auch handelt es sich bei den Kanne-Produkten um echte Bio-Produkte. Kanne verwendet nur Getreide aus ökologischem Landbau von Naturland-Bauernhöfen und die mit dem Lacon-Zeichen ausgestatteten Produkte werden nach den strengen Richtlinien des ökologischen Landbaus hergestellt.

Inhaltsstoffe

1. Fett, gesamt:	**2,3 g/100 g**
• gesättigte Fettsäuren:	0,22 g/100 g
• einfach ungesättigte Fettsäuren:	0,39 g/100 g
• mehrfach ungesättigte Fettsäuren:	0,70 g/100 g
2. Eiweiß, gesamt:	**9,8 g/100 g**
3. Kohlenhydrate:	**62,3 g/100 g**
4. Ballaststoffe:	**14,1 g/100 g**
5. Wasser:	9,4 g/100 g
6. L-Milchsäure:	1,45 g/100 g
7. D-Milchsäure:	1,77 g/100 g
physiologischer Brennwert:	**1310 kJ/ (309 kcal)/100 g**

Mineralstoffe

Natrium:	0,33 g/100 g
Calcium:	63 mg/100 g
Magnesium:	110 mg/100 g
Phosphor:	181 mg/100 g
Eisen:	3,38 mg/100 g
Zink:	2,41 mg/100 g

Vitamine

Vitamin A:	< 34,4 µg /100 g
Vitamin B_1 (Thiamin):	0,35 mg/100 g
Vitamin B_2 (Riboflavin):	0,18 mg/100 g
Vitamin B_6 (Pyridoxin):	0,10 mg/100 g
Vitamin B_{12}:	< 0,5 µg/100 g
Vitamin C:	< 0,01 mg/100 g
Vitamin D:	< 1 µg/100 g
Vitamin E:	0,67 mg/100 g
Biotin:	2,32 µg/100 g
Niacin:	1,24 mg/100 g
Folsäure:	29,9 µg/100 g
Pantothensäure:	0,23 mg/100 g

Aminosäuren

L-Alanin:	300 mg/100 g
L-Arginin:	640 mg/100 g
L-Asparaginsäure:	670 mg/100 g
Glycin:	540 mg/100 g
L-Glutaminsäure:	3630 mg/100 g
L-Isoleucin:	250 mg/100 g
L-Leucin:	890 mg/100 g
L-Methionin:	170 mg/100 g
L-Serin:	630 mg/100 g
L-Threonin:	480 mg/100 g
L-Tyrosin:	240 mg/100 g
L-Valin:	620 mg/100 g
L-Lysin:	470 mg/100 g

Untersuchungsergebnisse:
Lebensmittel-Labor Dr. Weßling, Altenberge

Frühstücksbrötchen

Für 1 Person

1 Brötchen
10 g Butter
1 TL Honig
1 TL Rübenkraut
0,2 l Brottrunk

Brötchen halbieren und buttern. Je eine Brötchenhälfte mit Honig und mit Rübenkraut bestreichen. Dazu ein Glas Brottrunk servieren.

280 kcal (1172 kJ), 6.2 g Eiweiß, 11.2 g Fett, 38.1 g Kohlenhydrate (3.2 BE)

Haferflocken mit Obst

Für 1 Person

200 g eingemachtes Obst (Pfirsiche, Äpfel, Birnen)
30 g kernige Haferflocken
2 TL Enzym-Ferment Getreide
100 g fettarmer Joghurt
0,2 l Brottrunk

Das eingemachte Obst in mundgerechte Stücke schneiden. Haferflocken und Fermentgetreide mischen und unter das Obst heben. Joghurt cremig rühren und darübergießen. Dazu ein Glas Brottrunk servieren.

359 kcal (1503 kJ), 13.2 g Eiweiß, 5.4 g Fett, 62.5 g Kohlenhydrate (5.2 BE)

Baguettebrötchen mit Kräuter-Aufstrich

Für 1 Person

50 g Frischer Landrahm
2 EL Brottrunk
1 EL Enzym-Ferment Getreide
2 El gehackte gemischte Kräuter (Petersilie, Schnittlauch, Dill)
Salz, Pfeffer aus der Mühle
1 Baguettebrötchen
0,1 l Brottrunk

Landrahm cremig rühren, Brottrunk und Fermentgetreide unterrühren und die Kräuter unterheben, dabei einige Kräuter zurückbehalten. Salzen und pfeffern. Baguettebrötchen halbieren, mit dem Kräuter-Aufstrich bestreichen und mit den restlichen Kräutern bestreuen. Dazu ein Glas Brottrunk reichen.

319 kcal (1334 kJ), 9.1 g Eiweiß, 13.4 g Fett, 38.9 g Kohlenhydrate (3.2 BE)

KANNE
Zuckerrüben-
Sirup
DER NATUR
WOHLBEFINDEN
KANNE
Brot
Trunk

Haferflocken mit Trockenfrüchten

Für 1 Person

50 g Trockenfrüchte (z.B. Aprikosen, Feigen, Datteln, Äpfel)
5 EL Haferflocken
2 TL Enzym-Ferment Getreide
0,1 l Buttermilch
1 TL Mandeln
0,2 l Brottrunk

Trockenfrüchte kleinschneiden und mit den Haferflocken und dem Fermentgetreide vermischen. Die Buttermilch darübergeben, mit gehackten Mandeln bestreuen und kurz durchziehen lassen. Dazu Brottrunk servieren.

363 kcal (1519 kJ), 14.0 g Eiweiß, 3.7 g Fett, 64.7 g Kohlenhydrate (5.4 BE)

Früchtestippe mit geriebenem Pumpernickel

Für 1 Person

1 Scheibe Pumpernickel
1-2 EL Haferflocken
1 TL Honig
2 TL Enzym-Ferment Getreide
200 g eingemachtes Obst (Äpfel, Birnen, Pfirsiche)
100 g fettarmer Joghurt
0,2 l Brottrunk
1 TL Honig

Pumpernickel zerbröseln und mit Haferflocken und Honig in einer Pfanne anrösten, bis der Honig karamelisiert. Abkühlen lassen, in einen tiefen Teller geben und das Fermentgetreide darüberstreuen. Das Obst in mundgerechte Stücke schneiden und unter den gerösteten Pumpernickel heben. Joghurt cremig rühren und darübergießen. Brottrunk mit Honig süßen und dazu trinken.

465 kcal (2047 kJ), 16.6 g Eiweiß, 5.9 g Fett, 84.8 g Kohlenhydrate (7.6 BE)

ORIGINAL
Brottrunk®

Fitnessfrühstück

Für 1 Person

100 g Erdbeeren
100 g Magerquark
1 Brötchen
0,15 l Brottrunk
0,1 l Apfelsaft

Erdbeeren waschen und putzen. Einige Erdbeeren beiseite legen, die restlichen Erdbeeren pürieren und mit dem Quark vermischen. Brötchen halbieren, die Hälften mit dem Erdbeerquark bestreichen und mit den restlichen Erdbeeren belegen. Brottrunk mit Apfelsaft mischen und gut gekühlt zu dem Frühstück servieren.

296 kcal (1238 kJ), 20.2 g Eiweiß, 1.8 g Fett, 49.0 g Kohlenhydrate (4.1 BE)

Pumpernickel mit Apfelquark

Für 1 Person

2 EL Apfelmus
25 g Magerquark
1 Scheibe Pumpernickel
3 gehackte Walnüsse

Apfelmus mit dem Quark mischen und den Pumpernickel damit bestreichen. Mit Nüssen bestreuen.

176 kcal (736 kJ), 7.8 g Eiweiß, 4.1 g Fett, 26.4 g Kohlenhydrate (4.1 BE)

Was ist Pumpernickel ?

Pumpernickel ist eine Münsterländer Brotspezialität aus echtem Schrot und Korn.
Das Besondere daran ist der lange Back- und Herstellungsprozeß, der zwei bis drei Tage dauert. Dabei wird das Getreide besonders aufgeschlossen – der Pumpernickel ist daher äußerst bekömmlich. Durch den langen Gärprozeß enthält Pumpernickel sehr viele Enzyme, Mineralstoffe, Vitamine, Spurenelemente und Ballaststoffe.

Brotzeit mit Kassler

Für 1 Person

1 Scheibe Pumpernickel
10 g Frischer Landrahm
50 g mageres Kassler oder Rindersaftschinken
1 Stück Salatgurke
Radieschen
Petersilie
1 Ei
0,2 l Brottrunk

Pumpernickel mit Landrahm bestreichen und mit Kassler belegen. Den Pumpernickel mit Gurkenscheiben, Radieschen, Petersilie und einem gekochten Ei servieren. Dazu 1 Glas Brottrunk reichen.

275 kcal (1151 kJ), 23.3 g Eiweiß, 11.4 g Fett, 21.2 g Kohlenhydrate (1.8 BE)

Tzatziki-Brot

Für 1 Person

1 Stück Salatgurke
100 g saure Sahne
1 feingehackte Zwiebel
1/2 feingehackte Knoblauchzehe
Salz, Pfeffer aus der Mühle
feingewiegter Dill
1 Scheibe Roggenmischbrot
1 Scheibe Pumpernickel
2 Tomaten
0,2 l Brottrunk

Salatgurke auf einer Reibe grob raspeln, mit der sauren Sahne verrühren. Zwiebel- und Knoblauchstücke unterrühren und mit Salz, Pfeffer und feingewiegtem Dill pikant abschmecken. Den Tzatziki-Quark auf die Brotscheiben verteilen, mit Dillfähnchen garnieren. Dazu Tomaten und ein Glas Brottrunk reichen.

385 kcal (1613 kJ), 14.8 g Eiweiß, 11.9 g Fett, 53.6 g Kohlenhydrate (4.5 BE)

Herzhafter Pumpernickel mit Camembert

Für 1 Person

30 g Camembert (55 % F.i.Tr.)
1 Scheibe Pumpernickel
0,2 l Brottrunk

Camembert in Scheiben schneiden und den Pumpernickel damit belegen. Dazu Brottrunk reichen.

171 kcal (715 kJ), 12.8 g Eiweiß, 4.4 g Fett, 18.7 g Kohlenhydrate (1.6 BE)

BROT
TRUNK
Wohlbefinden

Frühstück pikant

Für 1 Person

1 Scheibe Roggenmischbrot
1 EL Kräuter-Frischkäse
2 EL Sprossen
1 Roggenbrötchen
1/2 Becher Frischkäse (à 125 g)
1/2 Tomate in Scheiben
1 TL Schnittlauchröllchen
1/4 Beet Kresse
1 hart gekochte Eischeibe
1 gestifteltes Radieschen
Salz, Pfeffer aus der Mühle
0,2 l Brottrunk

Roggenmischbrot mit Kräuter-Frischkäse bestreichen und mit Sprossen bestreuen. Brötchen halbieren und beide Hälften dick mit dem Frischkäse bestreichen. Eine Brötchenhälfte mit Tomatenscheiben belegen und mit Schnittlauchröllchen bestreuen. Die zweite Hälfte mit Kresse, Eischeibe und gestifteltem Radieschen belegen. Je nach Geschmack Brot und Brötchen noch leicht salzen und pfeffern. Dazu ein Glas Brottrunk servieren.

526 kcal (2202 kJ), 19.5 g Eiweiß, 29.0 g Fett, 45.7 g Kohlenhydrate (3.8 BE)

Landfrühstück

Für 1 Person

1 Ei
1 Tomate
50 g Frischer Landrahm
1 TL Schnittlauchröllchen
1 Laugenbrezel
1 Roggenbrötchen
einige Radieschen
1 Scheibe gekochter Schinken
50 g Camembert (55 % F.i.Tr.)
einige Radieschen
0,2 l Brottrunk

Das Ei in etwa 5 Minuten hart kochen. Die Tomate halbieren, mit etwas Landrahm bestreichen und mit Schnittlauchröllchen bestreuen. Die Brezel und das Brötchen aufschneiden und mit Landrahm bestreichen. Mit gekochtem Schinken und Camembert belegen. Dazu Radieschen, das hart gekochte Ei sowie ein Glas Brottrunk servieren.

657 kcal (2749 kJ), 35.8 g Eiweiß, 35.4 g Fett, 47.4 g Kohlenhydrate (3.9 BE)

Brotzeit mit pikanten Brotaufstrichen

2 Scheiben Pumpernickel
30 g Tomaten-Möhren-Paste
30 g Joghurt-Kresse-Aufstrich
1 hart gekochtes Ei in Scheiben
1/4 Beet Kresse
1 Lauchzwiebel
1 Tomate
0,2 l Brottrunk
1 TL Honig

Pumpernickel mit Tomaten-Möhren-Paste bzw. Joghurt-Kresse-Aufstrich bestreichen, mit Eischeiben belegen und mit Kresse bestreuen. Lauchzwiebel und Tomate dazu servieren. Brottrunk mit Honig süßen und dazu servieren.

369 kcal (1544 kJ), 17.9 g Eiweiß, 8.2 g Fett, 54.3 g Kohlenhydrate (4.5 BE)

Tomaten-Möhren-Paste

(ergibt 200 g)

50 g Tomatenmark
3 EL Enzym-Ferment Getreide
100 g feingeraspelte Möhre
1/2 EL feingehackte Zwiebel
3 EL Brottrunk
Pfeffer, Paprika
Schnittlauchröllchen

Tomatenmark, Fermentgetreide, Möhre, Zwiebel und Brottrunk mit dem Pürierstab feinpürieren. Die Paste mit Pfeffer und Paprika pikant abschmecken. Mit Schnittlauchröllchen bestreut servieren.

214 kcal (895 kJ), 7.9 g Eiweiß, 1.7 g Fett, 40.5 g Kohlenhydrate (3.4 BE)

Joghurt-Kresse-Aufstrich

(ergibt 200 g)

4 EL Enzym-Ferment Getreide
4 EL Brottrunk
100 g Vollmilch-Joghurt
1/2 feingehackte Zwiebel
1/2 Beet Kresse
2 EL feingehackte Petersilie
1 geschälte Knoblauchzehe
Salz, Pfeffer aus der Mühle

Fermentgetreide mit Brottrunk und Joghurt verrühren und Zwiebelwürfel unterheben. Den Aufstrich mit Kräutern, frisch gepreßtem Knoblauch, Salz und Pfeffer pikant abschmecken. Gut durchziehen lassen und nochmals nachwürzen.

285 kcal (1192 kJ), 11.5 g Eiweiß, 5.1 g Fett, 47.1 g Kohlenhydrate (3.9 BE)

BROT
TRUNK
0,2 l

Tomaten-Frischkäse-Aufstrich

2 EL Enzym-Ferment Getreide
4 EL Brottrunk
1 1/2 EL Tomatenmark
1/2 gehackte Knoblauchzehe
1 Msp. Meerrettich
1/2 TL Kräuter der Provence
Salz
2 EL körniger Frischkäse

Fermentgetreide mit Brottrunk und Tomatenmark verrühren, mit Gewürzen, Knoblauch und Salz pikant abschmecken. Körnigen Frischkäse unterheben und zu Pumpernickel servieren.

32 kcal (134 kJ), 2.9 Eiweiß,
1.0 g Fett, 2.6 g Kohlenhydrate
(0.2 BE)

Frischer Sellerie-Möhren-Aufstrich

50 g Bleichsellerie
1 kleine Möhre
1/2 Apfel
2 EL Enzym-Ferment Getreide
2 EL Brottrunk
1 EL Rosinen
Salz, Pfeffer aus der Mühle,
Muskat

Sellerie, Möhre und Apfel feinraspeln. Zusammen mit Fermentgetreide, Brottrunk und Rosinen pürieren. Den Aufstrich mit den Gewürzen abschmecken und zu Pumpernickel servieren.

34 kcal (142 kJ), 0.6 g Eiweiß,
0.2 g Fett, 7.1 g Kohlenhydrate
(0.6 BE)

Obatzta mit Fermentgetreide

300 g Camembert (55 % F.i.Tr.)
50 g Frischer Landrahm
2-3 EL Brottrunk
1 Zwiebel
Salz, Pfeffer aus der Mühle
Kümmel
1 EL Enzym-Ferment Getreide
1 TL Petersilie

Camembert entrinden, in kleine Stücke schneiden und mit einer Gabel zerdrücken. Mit Landrahm und Brottrunk cremig rühren. Zwiebel schälen, würfeln und unter die Camembert-Masse ziehen. Mit Salz, Pfeffer, Kümmel und Fermentgetreide abschmecken. Mit Petersilie bestreut servieren.

367 kcal (1533 kJ), 16.6 g Eiweiß,
31.5 g Fett, 3.5 g Kohlenhydrate
(0.3 BE)

IGINAL
Brottrunk

Kressequark mit Fermentgetreide

1/2 Beet Kresse
1/2 Bund Radieschen
3 Salzgurken
2 EL Brottrunk
2 EL Enzym-Ferment Getreide
250 g Quark (20 %)
Paprika
Salz, weißer Pfeffer aus der Mühle

Kresse und Radieschen waschen. Kresse, Salzgurken und Radieschen kleinschneiden. Mit Brottrunk, Fermentgetreide und Quark verrühren. Mit Salz, Pfeffer und Paprika pikant abschmecken.

90 kcal (367 kJ), 9.2 g Eiweiß, 3.4 g Fett, 5.5 g Kohlenhydrate (0.5 BE)

Champignonpaste

150 g Champignons
1 kleiner Apfel
1 kleine Zwiebel
1/2 Knoblauchzehe
4 EL Brottrunk
1 EL Distelöl
1 EL Frischer Landrahm
4 EL Enzym-Ferment Getreide
1/2 TL Meerrettich
Salz, Pfeffer aus der Mühle
gehackte Petersilie

Champignons, Apfel, Zwiebel und Knoblauch kleinschneiden. Mit Brottrunk, Distelöl, Landrahm und Fermentgetreide mischen. Mit dem Pürierstab pürieren. Die Paste mit Meerrettich, Salz und Pfeffer pikant abschmecken und mit Petersilie bestreut servieren.

94 kcal (395 kJ), 2.8 g Eiweiß, 4.0 g Fett, 11.6 g Kohlenhydrate (1.0 BE)

Linsen-Tomaten-Aufstrich

1 feingehackte Zwiebel
1 EL Olivenöl
2 EL Linsen
4 EL Wasser
2 EL Brottrunk
2 Tomaten
2 EL Enzym-Ferment Getreide
Salz, Pfeffer aus der Mühle
Thymian, Oregano

Zwiebel in Olivenöl andünsten, Linsen und Wasser zugeben und in 40 Minuten weichkochen. Die Linsen pürieren und Brottrunk unterrühren. Tomaten kleinschneiden und unterheben. Mit Fermentgetreide, Kräutern und Gewürzen abschmecken.

113 kcal (473 kJ), 5.6 g Eiweiß, 3.0 g Fett, 15.7 g Kohlenhydrate (1.3 BE)

Ferment
Getreide

Apfel-Möhren-Aufstrich

150 g Frischer Landrahm
5 EL Brottrunk
1 geh. EL Enzym-Ferment Getreide
1 Apfel
2 Möhren
Salz
1 EL Schnittlauchröllchen

Landrahm cremig rühren. Brottrunk und Fermentgetreide zugeben. Apfel und Möhren schälen, reiben und unter die Masse heben. Leicht salzen und mit Schnittlauchröllchen bestreut servieren.

150 kcal (627 kJ), 3.2 g Eiweiß, 10.0 g Fett, 11.2 g Kohlenhydrate (0.9 BE)

Kresse-Meerrettich-Aufstrich

75 g Frischer Landrahm
75 g Frischkäse
0,1 l Brottrunk
1/2 Beet feingeschnittene Kresse
1 TL Enzym-Ferment Getreide
1-2 TL Meerrettich
Salz

Den Landrahm und Frischkäse cremig rühren, Brottrunk nach und nach dazugeben. Den Großteil der feingeschnittenen Kresse und das Fermentgetreide unterrühren. Mit Meerrettich und Salz würzen und mit Kresse garnieren.

114 kcal (575 kJ), 2.3 g Eiweiß, 10.2 g Fett, 3.2 g Kohlenhydrate (0.3 BE)

Apfel-Sellerie-Aufstrich

100 g Knollensellerie
1 Apfel
3 EL Brottrunk
30 g Enzym-Ferment Getreide
50 g gehackte Walnüsse
2 halbe Walnüsse zum Garnieren
Salz

Sellerie und Apfel schälen und feinreiben. Brottrunk, Fermentgetreide und die gehackten Walnüsse unterrühren. Leicht salzen und mit Walnußhälften garnieren.

143 kcal (598 kJ), 3.6 g Eiweiß, 9.8 g Fett, 9.9 g Kohlenhydrate (0.8 BE)

Schafskäse-Ferment-getreide-Aufstrich

1 Zwiebel
125 g frischer Schafskäse
50 g Butter
50 g Enzym-Ferment Getreide
40 g Weizenkeime
0,1 l Brottrunk
Pfeffer, Salz

Die Zwiebel schälen und in feine Würfel schneiden. Etwas Schafskäse beiseite legen. Den restlichen Schafskäse zusammen mit der Butter, dem Fermentgetreide, den Weizenkeimen und Brottrunk mit dem Pürierstab feinpürieren und mit Pfeffer und Salz pikant abschmecken. Den restlichen Schafskäse über den Brotaufstrich bröckeln.

244 kcal (1023 kJ), 9.9 g Eiweiß, 17.4 g Fett, 11.9 g Kohlenhydrate (1.0 BE)

Pikanter Paprika-Aufstrich

1/2 gelbe Paprika
1/2 grüne Paprika
1/2 rote Paprika
1 kleine Zwiebel
250 g Doppelrahm-Frischkäse
0,1 l Brottrunk
50 g Enzym-Ferment Getreide
Selleriesalz, Pfeffer
2 EL Schnittlauchröllchen

Die Paprikaschoten putzen, waschen, die Zwiebel schälen und alles ganz feinwürfeln. Frischkäse mit Brottrunk und Fermentgetreide verrühren, das Gemüse unterheben. Mit Selleriesalz und Pfeffer pikant abschmecken und mit Schnittlauchröllchen bestreuen.

227 kcal (951 kJ), 4.7 g Eiweiß, 17.9 g Fett, 11.5 g Kohlenhydrate (1.0 BE)

Brottrunk®

Bunter Sommersalat

1 kleiner Kopfsalat
4 gelbe Paprikaschoten
500 g Tomaten
1 Bund Radieschen
2 Stengel Bleichsellerie
2 Fenchelknollen
2 große Scheiben Weißbrot
4 hart gekochte Eier in Scheiben
250 g fettarmer Joghurt
0,1 l Brottrunk
Schnittlauch, Petersilie
Salz, Pfeffer aus der Mühle

Gemüse waschen und putzen. Paprika in Streifen, Bleichsellerie und Fenchel in Stücke, Radieschen in Scheiben und Tomaten in Achtel schneiden. Das Gemüse auf vier Salatschüsseln verteilen. Das Brot toasten, in Würfel schneiden und über den Salat geben. Mit Eischeiben garnieren. Aus Joghurt und Brottrunk ein Dressing zubereiten, mit Kräutern und Gewürzen abschmecken und über den Salat geben.

273 kcal (1142 kJ), 17.6 g Eiweiß, 9.3 g Fett, 26.6 g Kohlenhydrate (2.2 BE)

Gemischter Salat

1 kleiner Kopfsalat
500 g Tomaten
je 1 gelbe, rote, grüne Paprika
1 halbe Gurke
1 Zwiebel
250 g fettarmer Joghurt
0,1 l Brottrunk
1 TL Enzym-Ferment Getreide
1 Zehe Knoblauch
Schnittlauch, Petersilie
Salz, Pfeffer aus der Mühle

Gemüse waschen und putzen. Die Kopfsalatblätter in mundgerechte Stücke zupfen. Zwiebel schälen und in Würfel schneiden. Die Tomaten in Viertel, die Paprika in Streifen, die Gurke in Würfel schneiden. Das Gemüse in einer Salatschüssel anrichten. Aus Joghurt und Brottrunk ein Dressing zubereiten, mit frisch gepreßtem Knoblauch, Kräutern, Gewürzen und Fermentgetreide abschmecken und über den Salat geben.

92 kcal (387 kJ), 6.2 g Eiweiß, 1.8 g Fett, 12.0 g Kohlenhydrate (1 BE)

ORIGINAL
KANNE Brottrunk®

Gurkensalat

1 große Salatgurke
150 g Vollmilch-Joghurt
0,1l Brottrunk
1 TL Enzym-Ferment Getreide
1/2 Bund feingewiegter Dill
Salz, weißer Pfeffer aus der Mühle

Gurke schälen und in kleine Stükke schneiden. Den Joghurt mit dem Brottrunk verrühren und mit Salz, Pfeffer, Fermentgetreide und Dill abschmecken. Das Dressing über die Gurken gießen und mit einigen Dillfähnchen servieren.

45 kcal (188 kJ), 2.6 g Eiweiß,
1.6 g Fett, 4.7 g Kohlenhydrate
(0.4 BE)

Tomatensalat

600 g Tomaten
1/2 Bund Schnittlauchröllchen
1/2 Tasse Mais
1 kleine feingehackte Zwiebel
150 g Vollmilch-Joghurt
0,1 l Brottrunk
1 geschälte Knoblauchzehe
Salz, weißer Pfeffer aus der Mühle

Tomaten achteln, dabei den Stielansatz entfernen. Mit den Schnittlauchröllchen, den Maiskörnern und Zwiebelstücken mischen. Den Joghurt mit dem Brottrunk verrühren und die Zwiebelstücke unterheben. Mit frisch gepreßtem Knoblauch, Salz und Pfeffer abschmekken und über den Salat geben. Gut durchziehen lassen.

68 kcal (288 kJ), 3.6 g Eiweiß,
1.9 g Fett, 8.8 g Kohlenhydrate
(0.7 BE)

Selleriesalat

1 Sellerieknolle (400 g)
2 Äpfel
1 Becher saure Sahne
2 EL Brottrunk
Salz, Pfeffer aus der Mühle
1/2 TL Honig
2 TL Enzym-Ferment Getreide
Bund feingehackte Petersilie

Sellerieknolle putzen und gut säubern. Sellerie und Äpfel reiben. Die saure Sahne mit dem Brottrunk verrühren. Mit Salz, Pfeffer, Honig, Fermentgetreide und Petersilie abschmecken und mit Sellerie und Apfel vermengen.

127 kcal (533 kJ), 3.8 g Eiweiß,
4.7 g Fett, 17.1 g Kohlenhydrate
(1.4 BE)

Bohnen-Käse-Salat

500 g frische, zarte Bohnen
4 Tomaten
1 Zwiebel (80 g)
250 g Camembert (55 % F.i.Tr.)
1/2 Tasse Mais (aus der Dose)
50 g durchwachsener Speck
1 EL Butter
1 Becher saure Sahne
0,1 l Brottrunk
1-2 Knoblauchzehen
Salz, weißer Pfeffer aus der Mühle

Bohnen putzen, waschen, brechen und in Salzwasser bißfest garen. Tomaten halbieren, von Kernen und Stielansätzen befreien und in Spalten schneiden. Zwiebel würfeln, Camembert in Stücke schneiden. Die Zutaten vorsichtig mit den Maiskörnern vermischen. Den Speck würfeln, in heißer Butter kurz anbraten und über den Salat verteilen. Für das Dressing saure Sahne und Brottrunk cremig rühren, mit Salz, Pfeffer und frisch gepreßtem Knoblauch pikant abschmecken und über den Salat tropfen.

435 kcal (1818 kJ), 18.8 g Eiweiß, 33.9 g Fett, 12.8 g Kohlenhydrate (1.1 BE)

Gemüsesalat mit Hafer und Camembert

1/2 Bund Suppengemüse
je 1 gelbe und rote Paprika
1 Zucchini
250 g Hafer
0,5 l Wasser
1 EL Butter zum Andünsten
1 Bund gehackte Petersilie
150 g Camembert (55 % F.i.Tr.)
1 Becher saure Sahne
0,1 l Brottrunk
Salz, Pfeffer aus der Mühle
1 TL Enzym-Ferment Getreide

Das Gemüse putzen, waschen und kleinschneiden. Hafer mit Wasser und Suppengemüse 30 Minuten gar kochen, herausnehmen und abkühlen lassen. Zucchini, Zwiebeln und Lauch kurz in heißem Fett andünsten. Den Großteil der gehackten Petersilie unterrühren. Den Camembert würfeln. Saure Sahne mit Brottrunk verrühren, salzen, pfeffern, mit Fermentgetreide abschmecken und mit Hafer, Gemüse und Camembert verrühren. Mit Petersilie bestreut servieren.

460 kcal (1925 kJ), 18.5 g Eiweiß, 23.3 g Fett, 43.7 g Kohlenhydrate (3.6 BE)

Bunter Nudelsalat

200 g Vollwert-Fermentnudeln
100 g Erbsen (frisch oder TK)
3 frische Möhren
1/2 gelbe Paprikaschote
2 Tomaten
2 Frühlingszwiebeln
150 g Fleischkäse
100 g Emmentaler
200 g saure Sahne
5 EL Original Kanne Brottrunk
2 TL Enzym-Ferment Getreide
1 TL Senf
1 TL Zucker
Pfeffer, Salz
2 EL gehackte Kräuter

Vollwert-Nudeln nach Packungsaufschrift in Salzwasser kochen. Inzwischen Erbsen in wenig Wasser garen. Möhren putzen, in Scheiben schneiden und mitgaren. Das andere Gemüse putzen und waschen. Paprika in kleine Stücke, Tomate in Achtel, Frühlingszwiebeln in Ringe, Fleischkäse und Emmentaler in Stifte schneiden. Nudeln mit dem Gemüse, Käse und Leberkäse vermengen. Saure Sahne mit Brottrunk verrühren, gehackte Kräuter unterheben und mit Salz, Pfeffer, Senf, Zucker und Fermentgetreide abschmecken. Salat auf vier Teller verteilen und Kräuter-Dressing dazu reichen.

495 kcal (2069 kJ), 20.8 g Eiweiß, 24.1 g Fett, 46.9 g Kohlenhydrate (3.9 BE)

Deftiger Kartoffelsalat

800 g Kartoffeln
2 Paar Wiener Würstchen
2 Dillgurken
200 g saure Sahne
2 EL Mayonnaise
150 g geriebenen Emmentaler
5 EL Brottrunk
2 feingeriebene Zwiebel
1/2 Bd. feingewiegter Schnittlauch
2 EL Enzym-Ferment Getreide
Salz, Pfeffer
etwas Zucker
1 Msp. Senf

Kartoffeln schälen, weichgaren und in Scheiben schneiden. Würstchen in Scheiben, Dillgurken in feine Würfel schneiden. Saure Sahne mit Mayonnaise, Emmentaler und Brottrunk verrühren. Zwiebeln und den Großteil des Schnittlauchs unterrühren. Mit Salz, Pfeffer, Zucker, Senf und Fermentgetreide abschmecken und mit den Kartoffelscheiben vermengen.

560 kcal (2344 kJ), 22.7 g Eiweiß, 34.7 g Fett, 38.0 g Kohlenhydrate (3.2 BE)

Weißkrautsalat

1 kleiner Kopf Weißkohl
1 gestr. TL Salz
125 g durchwachsener Speck
1 Tasse Brühe
1 TL Kümmel
1/2 TL Zucker
1 große Zwiebel
1/2 Knoblauchzehe
0,2 l Brottrunk
2 EL Enzym-Ferment Getreide

Den Kohlkopf halbieren, die Außenblätter und den Strunk entfernen. Den Kohl ganz feinhobeln oder schneiden und in eine große Schüssel geben. Mit Salz bestreuen und kräftig durchkneten. Den Speck feinwürfeln und in der Pfanne anbraten. Mit einer Tasse konzentrierter Brühe aufgießen. Kümmel und Zucker zugeben. Kurz ziehen lassen und über das Kraut geben. Zwiebel und Knoblauchzehe schälen und feinreiben oder würfeln. Mit dem Brottrunk und dem Fermentgetreide unter den Salat heben. Gut durchziehen lassen.

192 kcal (803 kJ), 9.2 g Eiweiß, 11.6 g Fett, 11.5 g Kohlenhydrate (1.0 BE)

Rotkrautsalat mit Nüssen

1 kleiner Kopf Rotkohl
1/2 TL Salz
1 EL Zucker
1 Tasse Brottrunk
2 EL Enzym-Ferment Getreide
1 Msp. gemahlener Kümmel
1 Prise Muskat
1 Prise Zimt
1 Apfel
50 g Walnüsse

Die äußeren Blätter des Rotkohls entfernen, den Strunk keilförmig herausschneiden. Den Kohl ganz feinschneiden, mit Salz bestreuen und mit den Händen kräftig durchkneten. Zucker, Brottrunk, Fermentgetreide und die Gewürze zugeben und pikant abschmecken. Die Nüsse grob hacken. Den Apfel schälen, vom Kerngehäuse befreien und in ganz dünne Stifte schneiden oder feinreiben. Mit den Nüssen unter den Rotkrautsalat heben.

165 kcal (690 kJ), 5.7 g Eiweiß, 8.4 g Fett, 15.9 g Kohlenhydrate (1.3 BE)

Unser Tip:
Verwenden Sie Brottrunk statt Essig. Der Krautsalat wird milder und bekömmlicher!

WOHLBEFINDEN
HANNE
Brot
Trunk
Ferment
Getreide

Heringssalat „Störtebeker“

4 Salzheringsfilets (250 g)
1 geschälte Zwiebel
1 Apfel
2 Stangen Bleichsellerie
2 Salzgurken
1 hartgekochtes Ei
200 g saure Sahne
5 EL Brottrunk
1-2 TL Enzym-Ferment Getreide
Salz, Pfeffer
einige Salatblätter
1 EL grüne Kapern
roter Pfeffer
etwas Kresse

Salzheringe in Brottrunk einlegen, dann in Stücke schneiden. Zwiebel in Ringe, Apfel in schmale Spalten, Bleichsellerie, Salzgurken und das gekochte Ei in Scheiben schneiden. Saure Sahne mit Brottrunk verrühren und mit Fermentgetreide, Salz und Pfeffer abschmecken. Dressing mit Heringsstücken, Zwiebeln, Apfel, Bleichsellerie und Gurkenstücken gut vermengen. Salat auf Salatblättern anrichten, mit Eischeiben garnieren und mit Kapern, rotem Pfeffer und Kresse bestreuen.

238 kcal (996 kJ), 9.4 g Eiweiß, 18.0 g Fett, 8.6 g Kohlenhydrate (0.7 BE)

Roter Heringssalat „Helgoland“

4 Salzheringsfilets (250 g)
1/2 Knollensellerie
1 Apfel
200 g gegarte rote Bete
2 Salzgurken
1 hartgekochtes Ei
200 g saure Sahne
5 EL Original Kanne Brottrunk
1-2 TL Kanne Enzym-Ferment Getreide
Salz, Pfeffer
1 TL Zucker
1 Msp. Senf

Salzheringe in Brottrunk einlegen, dann in Stücke schneiden. Knollensellerie schälen, weichkochen und in Stücke schneiden. Apfel in Spalten, rote Beete und Salzgurken in Scheiben schneiden. Das hartgekochte Ei feinhacken. Saure Sahne mit Brottrunk verrühren und mit Fermentgetreide, Salz, Pfeffer, Zucker und Senf abschmecken. Dressing mit Heringsstücken, rote Bete, Sellerie, Apfel und Gurkenscheiben vermengen, Salat in einer Schüssel anrichten und mit Ei bestreuen.

260 kcal (1088 kJ), 10.2 g Eiweiß, 18.1 g Fett, 13.5 g Kohlenhydrate (1.1 BE)

ORIGINAL
Brottrunk®

Frische Salatsaucen mit Brottrunk

Schnittlauch-Sauce

150 g Frischer Landrahm
1/8 l Brottrunk
1 Bund Schnittlauch
1 Knoblauchzehe
Salz, Pfeffer aus der Mühle
1 Msp. Senf

Landrahm cremig rühren, Brottrunk nach und nach zugeben. Schnittlauch waschen und in feine Röllchen schneiden. Knoblauchzehe schälen und feinhacken. Knoblauch und Großteil des Schnittlauchs unter die Sauce rühren. Mit Salz, Pfeffer und Senf abschmecken und mit den restlichen Schnittlauchröllchen garnieren.

105 kcal (439 kJ), 2.1 g Eiweiß, 9.6 g Fett, 1.6 g Kohlenhydrate (0.1 BE)

Kräuter-Sauce

150 g Frischer Landrahm
1/8 l Brottrunk
1 Zwiebel
1 Knoblauchzehe
Salz, Pfeffer aus der Mühle
2 TL Enzym-Ferment Getreide
1 Bund frische Kräuter

Landrahm cremig rühren, Brottrunk nach und nach dazugeben. Zwiebel und Knoblauchzehe schälen, feinhacken und an die Sauce geben. Mit Salz, Pfeffer und Fermentgetreide würzen. Die frischen Kräuter feinhacken und unter die Sauce heben.

108 kcal (452 kJ), 2.0 g Eiweiß, 9.1 g Fett, 4.0 g Kohlenhydrate (0.3 BE)

Knoblauch-Sauce

150 g saure Sahne
5 EL Brottrunk
2 TL Enzym-Ferment Getreide
1 kleine Zwiebel
1 Knoblauchzehe
Salz, Pfeffer aus der Mühle
1 El Zitronenmelisse

Saure Sahne mit dem Brottrunk verquirlen und Fermentgetreide unterrühren. Zwiebel und Knoblauchzehe schälen, feinhacken und an die Sauce geben. Mit Salz und Pfeffer pikant abschmecken und mit Zitronenmelisse bestreut servieren.

55 kcal (230 kJ), 1.8 g Eiweiß, 3.9 g Fett, 4.0 g Kohlenhydrate (0.3 BE)

KANNE
Enzym-
Ferment
Getreide
luftgetrocknet

Pürierte Kräutersuppe

1 Knoblauchzehe
30 g Butter
40 g Mehl
1 l Gemüsebrühe
2 Bund frische Kräuter (z.B. Petersilie, Schnittlauch, Basilikum)
Salz, Pfeffer aus der Mühle
2-3 TL Enzym-Ferment Getreide
1 Scheibe Weißbrot

Knoblauchzehe schälen und feinhacken. Butter in einem Topf zerlassen und den Knoblauch darin andünsten. Mehl darüberstreuen und unter Rühren anschwitzen, mit der Gemüsebrühe ablöschen. Die Suppe aufkochen und einige Minuten ziehen lassen. Die frischen Kräuter hacken und unter die Suppe geben, etwas Petersilie aufbewahren. Suppe mit dem Pürierstab pürieren, mit Salz und Pfeffer würzen und mit Fermentgetreide abschmecken. Weißbrot rösten und würfeln. Kurz vor dem Servieren die Suppe mit den Croutons bestreuen und mit Petersilie-Blättern garnieren.

150 kcal (629 kJ), 4.4 g Eiweiß, 6.8 g Fett, 17.5 g Kohlenhydrate (1.5 BE)

Borschtsch

500 g Rindfleisch mit Knochen
500 g Weißkohl
1 Bund Suppengemüse
4 Kartoffeln
2 Rote Bete
1 Zwiebel
Salz, Pfeffer aus der Mühle
1 El Enzym-Ferment Getreide
4 geschälte Zehen Knoblauch
1 Bund feingehackte Petersilie
1 Becher saure Sahne

Rindfleisch und Knochen in einem hohen Topf geben, mit etwa 3 l Salzwasser auffüllen und ca. 1 1/2 Stunden kochen. Inzwischen das Gemüse waschen, putzen, schälen und kleinschneiden. Fleisch aus der Brühe herausnehmen und kleinschneiden. Das Gemüse zur Brühe geben, etwa 15 Minuten kochen. Das Fleisch zugeben. Salzen, pfeffern und mit Fermentgetreide, frisch gepreßtem Knoblauch und dem Großteil der Petersilie würzen. Weitere 20 Minuten auf kleiner Hitze köcheln lassen. Die saure Sahne unterziehen und mit Petersilie garniert servieren.

312 kcal (1304 kJ), 25.5 g Eiweiß, 13.3 g Fett, 22.4 g Kohlenhydrate (1.9 BE)

GINAL
Ferment® Getreide

Gemüsesuppe mit Hafer

120 g Hafer
1,5 l Gemüsebrühe
3 Zwiebeln
2 Stangen Porree
400 g Möhren
1 EL Öl
Selleriesalz, Pfeffer
50 g Kanne Enzym-Ferment Getreide

Hafer mit Gemüsebrühe aufsetzen, zum Kochen bringen und eine halbe Stunde köcheln lassen. Inzwischen Zwiebeln schälen, fein würfeln, Porree in Scheiben, die Möhren in Würfel schneiden. Öl erhitzen und die Zwiebelwürfel glasig dünsten. Das Gemüse zugeben, kurz mitdünsten. Die Gemüsebrühe mit dem Hafer zugeben und alles nochmals 10 Minuten kochen lassen. Würzen und mit Enzym-Ferment Getreide abschmecken.

247 kcal (1033 kJ), 11.1 g Eiweiß, 6.2 g Fett, 35.1 g Kohlenhydrate (2.9 BE)

Hafer - gut für die Gesundheit
Hafer ist ein wertvoller Vitalstofflieferant. Er enthält viele Vitamine, vor allem die Immunspritze Vitamin E, die Nervenvitamine B1 und B6 sowie das Anti-Streß-Vitamin Pantothensäure. Mit seinen Ballaststoffen tut er unserer Verdauung etwas Gutes.

Tomatensuppe

1 Bund Suppengemüse
1 l Wasser
750 g Tomaten
3 feingehackte Zwiebeln
1 feingehackte Knoblauchzehe
1 EL Speiseöl
Salz, Pfeffer aus der Mühle
Thymian, Basilikum, Oregano
100 g saure Sahne
1 EL Enzym-Ferment Getreide
1 EL Brottrunk
1 Bund frisches Basilikum

Suppengrün kleinschneiden und mit Wasser 30 Minuten kochen. Die Gemüsesuppe durch ein Sieb gießen. Tomaten enthäuten und vierteln. Zwiebel- und Knoblauchstücke im heißen Öl andünsten und zusammen mit den Tomaten in die Gemüsebrühe geben. Mit den Kräutern, Salz und Pfeffer abschmecken und 10 Minuten köcheln lassen. Suppe auf vier Teller verteilen. Saure Sahne mit Fermentgetreide, Brottrunk und Basilikum mischen und die Suppe damit garnieren.

160 kcal (669 kJ), 5.2 g Eiweiß, 9.2 g Fett, 12.2 g Kohlenhydrate (1.0 BE)

Kartoffelsuppe mit Fermentgetreide

500 g Kartoffeln
2 Möhren
1 Stange Lauch
1 Stange Bleichsellerie
1 Stück Sellerieknolle
0,75 l Wasser
1 EL gekochte Haferkörner
1 Eidotter
2 EL Enzym-Ferment Getreide
50 g Schlagsahne
Salz, Petersilie

Kartoffeln schälen und in Stücke schneiden. Möhren, Lauch und Sellerie waschen, putzen und zerkleinern. Das Gemüse in Salzwasser etwa 20 Minuten garkochen. Danach die Suppe leicht, aber nicht vollständig pürieren und die gekochten Haferkörner unterheben. Den Topf von der Feuerstelle nehmen, den Eidotter verquirlen und an die Suppe geben. Mit Salz und Fermentgetreide abschmecken. Schlagsahne steif schlagen. Suppe mit einem Klacks Schlagsahne und Petersilie garniert servieren.

219 kcal (915 kJ), 7.7 g Eiweiß
6.6 g Fett, 30.8 g Kohlenhydrate
(2.6 BE)

Biersuppe mit Pumpernickel

1/2 l Bier
1/2 l Wasser
50 g geriebener Pumpernickel
2 EL Honig
1 Nelke
Zimt
1 TL Enzym-Ferment Getreide
2 Eidotter
4 EL Schlagsahne

Bier und Wasser in einen Topf gießen und den geriebenen Pumpernickel dazugeben. Mit Honig, Zimt, Nelke und Fermentgetreide würzen und zum Kochen bringen. Vom Herd nehmen, Eidotter mit etwas Flüssigkeit verrühren und unter die Suppe ziehen. Die Sahne steif schlagen. Die Suppe auf 4 Teller verteilen, jeweils mit einem Klecks Sahne garnieren und heiß servieren.

223 kcal (934 kJ), 4.3 g Eiweiß,
7.2 g Fett, 17.4 g Kohlenhydrate
(1.5 BE)

Ferment
Getreide

Gemüsesuppe mit Fermentgetreide

800 g Gemüse der Saison (grüne Bohnen, Lauch, Erbsen, Möhren, Kohlrabi, Blumenkohl, Brokkoli)
2 Kartoffeln
1 geschälte Zwiebel
40 g Butter
50 g Hafer
1 1/4 l Gemüsebrühe
Pfeffer, Salz
1/2 Bund Petersilie
1-2 EL Enzym-Ferment Getreide

Gemüse putzen, waschen und in Stücke schneiden. Kartoffeln schälen, waschen und würfeln. Zwiebel würfeln. Butter in einem Topf erhitzen und Zwiebel darin andünsten. Gemüse zugeben und einige Minuten mitdünsten. Mit Wasser auffüllen, Hafer und Gemüsebrühe zugeben und zum Kochen bringen. Kartoffelwürfel hinzufügen und Suppe 20 Minuten köcheln lassen. Petersilie feinwiegen und zur Suppe geben. Mit Pfeffer, Salz und Enzym-Ferment Getreide abschmecken.

234 kcal (979 kJ), 5.9 g Eiweiß, 10.6 g Fett, 28.3 g Kohlenhydrate (2.4 BE)

Kresserahmsuppe

1 Beet Kresse
1 feingewürfelte Zwiebel
30 g Butter
20 g Mehl
1 l fertige Gemüsebrühe
Salz, Pfeffer
2 TL Enzym-Ferment Getreide
0,2 l Schlagsahne
1 Ei

Kresse abschneiden und waschen. Butter in einem Topf zerlassen und Zwiebelwürfel darin andünsten. Mehl darüberstreuen und unter Rühren anschwitzen, mit Gemüsebrühe ablöschen. Suppe aufkochen und einige Minuten ziehen lassen. Den Großteil der Kresse unter die Suppe geben und alles mit dem Pürierstab pürieren. Mit Salz, Pfeffer und Fermentgetreide abschmecken. Die Schlagsahne steif schlagen, das Eigelb verquirlen und beides an die Suppe geben. Die Suppe auf vier Teller verteilen und mit Kresse garniert servieren.

280 kcal (1172 kJ), 5.4 g Eiweiß, 24.3 g Fett, 9.5 g Kohlenhydrate (0.8 BE)

KANNE
Enzym-
Ferment®
Getreide
Ein milchsäurehaltiges Produkt
aus fermentiertem Vollkornbrot -
luftgetrocknet
250 g
(Weizen, Roggen, Hafer,
mindestens haltbar bis Ende

Haferflockensuppe

Für 1 Person

40 g Haferflocken
0,3 l Wasser
0,2 l Brottrunk

Wasser in einem Topf aufsetzen, die Haferflocken einrühren und zum Kochen bringen. Unter Rühren 1-2 Minuten ausquellen lassen, bis die Suppe sämig, aber nicht dick ist. Mit Haferflocken bestreut servieren. Dazu ein Glas Brottrunk trinken.

148 kcal (619 kJ), 5.2 g Eiweiß, 2.8 g Fett, 25.3 g Kohlenhydrate (2.1 BE)

Möhrencreme-Suppe

500 g Möhren
1 Zwiebel
1 Stück Knollensellerie
20 g Butter
1 l Wasser
3 EL gehackte Petersilie
Salz, Pfeffer aus der Mühle
1 TL Ferment-Getreide

Möhren, Zwiebel und Knollensellerie schälen, kleinwürfeln und in heißem Fett andünsten. Mit Wasser ablöschen, aufkochen und etwa 10 Minuten kochen lassen. Den Großteil der Petersilie unterrühren. Die Suppe pürieren, mit Salz und Pfeffer würzen und mit Fermentgetreide abschmecken. Mit der restlichen Petersilie garniert servieren.

101 kcal (419 kJ), 2.4 g Eiweiß, 5.5 g Fett, 10.0 g Kohlenhydrate (0.8 BE)

Hafersuppe mit Gemüsestreifen

100 g Hafer
1 l Wasser
250 g Suppengrün
20 g Butter
100 g saure Sahne
Salz
Majoran, Petersilie
1 TL Enzym-Ferment Getreide
1 Knoblauchzehe

Hafer in 1 l Wasser garkochen. Inzwischen das Suppengemüse putzen, waschen, kleinschneiden und in heißer Butter andünsten. An die Suppe geben, die Kräuter zufügen und alles im Mixer feinpürieren. Mit Fermentgetreide und frisch gepreßtem Knoblauch würzen und mit saurer Sahne verfeinern.

198 kcal (826 kJ), 5.9 g Eiweiß, 9.6 g Fett, 21.7 g Kohlenhydrate (1.8 BE)

Lammpfanne mit Kraut

400 g Lammfleisch
1 l Brottrunk
1 l Wasser
800 g Pellkartoffeln
1 große Zwiebel
40 g Butter
Salz, Pfeffer aus der Mühle
Kümmel, Majoran, Petersilie
600 g sauer eingelegtes Weißkraut

Das Lammfleisch über Nacht in Brottrunk einlegen. In 1 l Wasser ca. 60 Minuten weichkochen, anschließend in Streifen schneiden. In der Zwischenzeit Pellkartoffeln kochen, schälen und in Scheiben schneiden. Die Zwiebel in Ringe schneiden. Butter in der Pfanne erhitzen und die Zwiebelringe darin andünsten. Kartoffelscheiben dazugeben und unter mehrmaligem Wenden rösten. Fleischstreifen dazugeben und kurz mit anbraten. Mit Salz, Pfeffer, Kümmel und den Kräutern pikant abschmecken. Dazu wird sauer eingelegtes Weißkraut gereicht.

473 kcal (1978 kJ), 27.0 g Eiweiß, 24.1 g Fett, 33.6 g Kohlenhydrate (2.8 BE)

Gefüllte Schmorgurken

4 Schmorgurken oder Zucchini
1 große Zwiebel
1 Knoblauchzehe
1 EL Speiseöl
400 g Lammhack
1 eingeweichtes Brötchen
1 Ei
Salz, Pfeffer aus der Mühle
Thymian, Oregano, Liebstöckel
2-3 TL Enzym-Ferment Getreide
1/8 l Wasser

Schmorgurken waschen, halbieren und das Fruchtfleisch größtenteils herauskratzen. Fruchtfleisch, Zwiebel und Knoblauchzehe kleinschneiden und in heißem Fett andünsten. Das Hackfleisch mit dem eingeweichten Brötchen, dem Ei und der Fruchtfleisch-Masse vermischen. Alles gut durchkneten und mit Salz, Pfeffer, Kräutern und Fermentgetreide würzen. Die ausgehöhlten Schmorgurken-Hälften mit der Hackfleisch-Masse füllen und in eine feuerfeste Form setzen. Wasser hinzufügen und im vorgeheizten Backofen bei 300° C 30 Minuten schmoren lassen.

278 kcal (1163 kJ), 30.0 g Eiweiß, 9.4 g Fett, 17.9 g Kohlenhydrate (1.5 BE)

ORIGINAL
ANNE Brottrunk

Gemüsepfanne mit Putenfleisch

500 g Putenfilets
0,2 l Brottrunk
3 EL Sonnenblumenöl
2 Knoblauchzehen
1 Bund feingewiegte Petersilie
250 g Hafer
0,5 l Wasser
1 Zwiebel
2 Möhren
1 Stange Lauch
1/2 rote Paprikaschote
1/2 grüne Paprikaschote
1/2 gelbe Paprikaschote
20 g Butter
Salz, Cayenne-Pfeffer, Curry

Putenfilets waschen, trockentupfen und schnetzeln. Aus Brottrunk, Öl, frisch gepreßten Knoblauch und Petersilie eine Marinade herstellen und das Fleisch darin 1 Stunde einlegen. Haferkörner mit doppelter Menge Wasser und etwas Salz aufkochen und in 30 Minuten ausquellen lassen. Inzwischen die Zwiebel schälen und feinhacken, Möhren schälen und grob hobeln, den Lauch waschen und in feine Ringe schneiden. Paprika waschen, vom Kerngehäuse befreien und in feine Streifen schneiden. Das Fleisch in der heißen Butter kräftig anbraten. Das Gemüse zugeben und bei reduzierter Hitze 10 Minuten mitbraten. Den gekochten Hafer zugeben und nochmals erwärmen. Mit Salz, Curry und Cayenne-Pfeffer pikant abschmecken.

498 kcal (2.082 kJ), 39.9 g Eiweiß, 17.8 g Fett, 43.3 g Kohlenhydrate (3.6 BE)

Pellkartoffeln mit Kräuterquark

1 kg Kartoffeln
500 g Magerquark
0,1 l Brottrunk
1 Bund frische Kräuter
Salz, Pfeffer aus der Mühle
1 TL Enzym-Ferment Getreide

Die Kartoffeln in Salzwasser garkochen und schälen. Quark mit Brottrunk verrühren. Die frischen Kräuter hacken und den Großteil unter die Quarkmasse heben. Mit Salz, Pfeffer und Fermentgetreide abschmecken und mit den restlichen Kräutern garniert zu den geschälten Pellkartoffeln servieren.

272 kcal (1138 kJ), 22.3 g Eiweiß, 0.7 g Fett, 42.8 g Kohlenhydrate (3.6 BE)

Brottrunk

Nudelauflauf mit Weißkraut

200 g gedrehte Vollkornnudeln
500 g milchsauer vergorenes Weißkraut (vgl. S. 104)
20 g Butter für die Form
100 g Gouda
1 TL Kümmel
100 g gewürfelter Speck
150 g saure Sahne
1-2 TL Enzym-Ferment Getreide
Salz, schwarzer Pfeffer

Nudeln in Salzwasser „al dente“ kochen. Weißkraut weichgaren. Nudeln zur Hälfte in eine gebutterte Auflaufform füllen. Als zweite Schicht einen Teil des Weißkrauts daraufgeben. Die Hälfte des Goudas würfeln, zusammen mit dem Kümmel auf das Kraut streuen. Die restlichen Nudeln mit dem Kraut vermengen und obenauf geben. Restlichen Käse reiben und mit Speck und saurer Sahne verrühren. Mit Fermentgetreide, Salz und Pfeffer abschmecken und über den Auflauf gießen. Im vorgeheizten Backofen bei 200° C 15 Minuten backen.

562 kcal (2350 kJ), 19.4 g Eiweiß, 37.1 g Fett, 34.2 g Kohlenhydrate (2.9 BE)

Königsberger Klopse

500 g gemischtes Hackfleisch
1 eingeweichtes Brötchen
1 feingehackte Zwiebel
1 Ei
2-3 TL Enzym-Ferment Getreide
Salz, Pfeffer aus der Mühle
1 l Fleischbrühe
20 g Butter
20 g Mehl
1/4 l Schlagsahne
3 EL Kapern
1 TL Senf

Hackfleisch mit Brötchen, Zwiebelstücken, Ei und Fermentgetreide gut verkneten. Salzen und pfeffern. Aus der Fleischmasse 4 cm dicke Klöße formen und etwa 10 Minuten in der kochenden Fleischbrühe garen, danach herausnehmen. Aus Butter und Mehl eine helle Schwitze erstellen und mit 1/2 l durchgesiebter Fleischbrühe ablöschen. Süße Sahne zugeben und etwas einkochen. Sauce mit Salz, Pfeffer und Senf pikant abschmecken. Klöße hineinlegen und bei kleiner Hitze weitere 10 Minuten ziehen lassen.

698 kcal (2883 kJ), 32.7 g Eiweiß, 54 g Fett, 17.7 g Kohlenhydrate (1.5 BE)

Kümmel.

Vollwertnudeln mit buntem Gemüse

300 g Vollwertnudeln
je 1 rote und grüne Paprikaschote
2 kleine Zucchini
1 grüne Peperoni
300 g Tomaten
80 g Zuckerschoten
1 feingehackte Zwiebel
1 feingehackte Knoblauchzehe
3 EL Speiseöl
1/8 l Gemüsebrühe
Salz, Pfeffer aus der Mühle
2 EL gemischte, gehackte Kräuter
2-3 TL Enzym-Ferment Getreide
250 g Mozzarella
50 g Butter
1 EL gehackte Petersilie

Die Nudeln in Salzwasser „al dente" kochen. Gemüse putzen und waschen. Die Paprikaschoten in Streifen, die Zucchini in Scheiben, Peperoni in kleine Stücke schneiden. Die Tomaten enthäuten und vierteln. Knoblauch- und Zwiebelstücke in heißem Fett andünsten. Nach und nach das Gemüse dazugeben zugeben und mitdünsten. Brühe angießen, mit Salz, Pfeffer, Kräutern und Fermentgetreide würzen und weiter schmoren lassen. Die Nudeln unter das Gemüse mischen und alles in eine gebutterte Form füllen. Mit Mozzarella-Scheiben und Butterflöckchen belegen und bei 190° C 15-20 Minuten überbacken. Mit Petersilie bestreut servieren.

643 kcal (2690 kJ), 28.7 g Eiweß, 32.6 g Fett, 58.0 g Kohlenhydrate (4.8 BE)

Kartoffel-Lauch-Gratin

1 kg vorgekochte Kartoffeln
1 kleine Stange Lauch, blanchiert
150 g Frischer Landrahm
0,1 l Milch
1 Ei
50 g geriebener Emmentaler
Salz, Pfeffer aus der Mühle
Muskat
1 EL Enzym-Ferment Getreide
etwas Butter zum Ausfetten

Kartoffeln in Scheiben schneiden und in eine gefettete Form legen. Lauch in Stücke schneiden und auf den Kartoffeln verteilen. Landrahm mit Milch und Ei verquirlen und mit Salz, Pfeffer, Muskat und Fermentgetreide würzen. Die Masse über die Kartoffeln gießen. Mit Käse bestreuen und bei 220° C im vorgeheizten Backofen 10-15 Minuten überbacken.

404 kcal (1690 kJ), 14.5 g Eiweiß, 18.1 g Fett, 44.4 g Kohlenhydrate (3.7 BE)

Lammwürfel in Knoblauchbutter (Falsche Schnecken)

400 g mageres Lammfleisch
1/2 Flasche Brottrunk
175 g Butter
Salz, Pfeffer
1 feingehackte Schalotte
1 frisch gepreßte Knoblauchzehe
1 EL feingehackte Petersilie
2 EL Enzym-Ferment Getreide
250 g Baguette

Fleisch kalt abspülen und in 2 cm große Würfel schneiden. Brottrunk in eine Schüssel gießen und Lammwürfel einige Stunden darin marinieren. Anschließend das Fleisch herausnehmen, abtropfen lassen und mit Küchenkrepp trockentupfen. 50 g Butter in einer Pfanne erhitzen und Lammwürfel kräftig anbraten. Salzen und pfeffern. Restliche Butter schaumig rühren, mit Salz und Pfeffer würzen. Schalotte, Knoblauch und Petersilie daruntermischen und nochmals abschmekken. Lammwürfel in vier Schnekkenpfännchen oder auf vier Tellern anrichten und mit etwas Enzym-Ferment Getreide bestreuen. Anschließend die Kräuterbutter darauf verteilen und bei 200° C im vorgeheizten Ofen kurz überbacken. Mit frischem Baguette servieren.

637 kcal (2666 kJ), 27.5 g Eiweiß, 40.6 g Fett, 40.2 g Kohlenhydrate (3.4 BE)

Irish Stew

750 g Lammgulasch
5 EL Öl
3 Zwiebeln
2 Möhren
1 kleiner Weißkohl (800 g)
500 g Kartoffeln
Salz, Pfeffer
Kümmel
750 ml Lammfond
2 EL Enzym-Ferment Getreide
1/2 Bund feingehackte Petersilie

Gemüse putzen und waschen. Möhren und Zwiebeln in Scheiben, Kohlblätter in Streifen, Kartoffeln in Würfel schneiden. Öl in einem Schmortopf erhitzen und Lammwürfel darin kräftig anbraten. Gemüse schichtweise dazugeben, mit Salz, Pfeffer und Kümmel würzen. Mit Lammfond auffüllen, bis der Eintopf knapp bedeckt ist. Zugedeckt ca. 1 1/2 Stunden köcheln lassen. Mit Enzym-Ferment Getreide abschmecken und mit Petersilie betreut servieren.

513 kcal (2146 kJ), 46.1 g Eiweiß, 22.6 g Fett, 30.4 g Kohlenhydrate (2.5 BE)

Ferment®
Getreide

Gekochte Lammschulter in Brottrunk

1 kg Lammschulter
1 Bund Suppengrün
(1/2 Stange Lauch, 2 Karotten,
1 Stück Sellerie, Petersilie)
1 l Wasser
1/2 l Brottrunk
750 g rote Bete
1 kleine Zwiebel
1/4 l Brottrunk
0,1 l Rotwein
1 Msp. gemahlener Kümmel
1 kg Kartoffeln
50 g Butterschmalz
30 g Butter
2 EL Mehl
1/4 l Gemüsebrühe
2-3 EL Meerrettich
Salz, Pfeffer

Die Lammschulter kalt abspülen. Das Suppengemüse waschen, grob hacken und mit Wasser und Brottrunk zum Kochen bringen. Salzen und pfeffern. Die Lammschulter zugeben und zugedeckt 1 Stunde köcheln lassen. Die roten Bete gut abbürsten und in kochendem Salzwasser 60 Minuten garen. Abkühlen lassen und in Scheiben schneiden. Die Zwiebel feinhacken, mit Brottrunk, Rotwein, Salz und Kümmel aufkochen, über die roten Bete geben und gut durchziehen lassen. Die Kartoffeln schälen, würfeln und in heißem Butterschmalz von allen Seiten schön braun braten. Salzen und pfeffern. Für die Meerrettichsauce Butter und Mehl anschwitzen und mit der Gemüsebrühe ablöschen. 2-3 EL Meerrettich zugeben und mit Salz und Pfeffer abschmecken. Das Lammfleisch aus der Brühe nehmen, in Scheiben schneiden und mit den Kartoffelwürfeln, der Meerrettichsauce und den roten Beten servieren.

930 kcal (3891 kJ), 56.4 g Eiweiß, 57.1 g Fett, 44.9 g Kohlenhydrate (3.7 BE)

Unser Tip:
Besonders zart und aromatisch wird Lammfleisch, wenn es vor dem Garen einige Stunden oder besser über Nacht in einer Brottrunkmarinade eingelegt wird, z.B. mit Kräutern der Provence, mit Rosmarin oder mit Thymian und Knoblauch.

ORIGINAL
KANNE Brottrunk®

Heringsfilet in Brottrunk-Marinade

Zum Einlegen:

4 Salzheringe
1 Zwiebel
1 TL Senfkörner
4 Lorbeerblätter
1 Flasche Brottrunk

Für die Marinade:

300 g saure Sahne
0,1 l Brottrunk
2 TL Enzym-Ferment Getreide
1 säuerlicher Apfel
2 mittelgroße Zwiebeln
1 Gewürzgurke
Salz, Pfeffer aus der Mühle
1/2 TL Zucker

Salzheringe vom Händler ausnehmen lassen. Die Zwiebel schälen, in Ringe schneiden und mit Senfkörnern und Lorbeerblättern an den Brottrunk geben. Heringe abspülen und über Nacht darin einlegen. Für die Marinade saure Sahne, Brottrunk und Fermentgetreide verrühren. Den Apfel in kleine Stücke, die Zwiebeln in Ringe schneiden, die Gewürzgurke feinwürfeln.
Die Apfelstücke, Zwiebelringe und Gurkenwürfel an die Marinade geben und mit Salz, Pfeffer und Zucker pikant abschmecken. Die Salzheringe filetieren, unter die Sahne-Marinade heben und gut durchziehen lassen.

468 kcal (1957 kJ), 35.2 g Eiweiß, 31.1 g Fett, 10.4 g Kohlenhydrate (0.9 BE)

Matjes in Dillstippe

300 g Kräuter-Matjesfilets
600 g Kartoffeln
250 g rote Bete
150 g Frischer Landrahm
3 EL Brottrunk
Salz, Pfeffer
1/2 Bund Dill
1 TL Senf
1 EL Kapern
2-3 TL Enzym-Ferment Getreide

Matjesfilets waschen und in Stücke schneiden. Kartoffeln schälen, halbieren und in Salzwasser garen. Rote Bete in Wasser weichgaren. Landrahm mit Brottrunk cremig rühren. Mit Salz, Pfeffer, Dill, Senf, Kapern und Fermentgetreide würzen. Die Matjesstücke unterheben. Mit Kartoffeln und den roten Beten servieren.

431 kcal (1801 kJ), 17.8 g Eiweiß, 26.7 g Fett, 28.9 g Kohlenhydrate (2.4 BE)

Brottrunk®

Bratheringe in Brottrunk-Marinade

4 grüne Heringe (à 150 g)
(ausgenommen und entgrätet)
Salz, Pfeffer
2 EL Mehl
50 g Butter
1/2 l Wasser
2 Zwiebeln
1 TL Senfkörner
5-6 Pfefferkörner
2-3 Wacholderbeeren
einige Zweige Dill
0,3 l Wasser
0,7 l Brottrunk

Heringe waschen, trockentupfen, von innen und außen salzen, pfeffern und mehlieren. Butter in einer Pfanne erhitzen und Heringe in dem heißen Fett von beiden Seiten goldbraun braten. Abkühlen lassen. Für die Herstellung der Marinade Wasser erhitzen, Gewürze zugeben und kurz aufkochen. Abkühlen lassen und Brottrunk zugeben. Bratheringe in die Brottrunk-Marinade legen und zwei bis drei Tage ziehen lassen.

421 kcal (1761 kJ), 15.2 g Eiweiß, 37.4 g Fett, 5.0 g Kohlenhydrate (0.4 BE)

Forelle blau in Brottrunk

4 mittelgroße, frische Forellen
1 Bund Suppengrün
1 kleine Zwiebel
2 Lorbeerblätter
einige weiße Pfefferkörner
0,5 l Original Kanne Brottrunk
Salz
1000 g Kartoffeln
Dill

Für Forelle blau Fisch so wenig wie möglich angefassen, damit äußere Schleimschicht nicht beschädigt wird. Suppengemüse putzen, Zwiebel schälen und vierteln. Mit Lorbeerblättern und Pfefferkörnern in 2-3 l Wasser zum Kochen bringen. Brottrunk zugeben und Sud 30 Minuten köcheln lassen. Währenddessen Kartoffeln schälen und in Salzwasser garen. Beim Brottrunk-Sud Hitze zurücknehmen, Forellen vorsichtig ins heiße Wasser legen und ca. 10 Minuten ziehen lassen. Die fertig gegarten Forellen aus dem Sud nehmen, abtropfen lassen und mit Kartoffeln und frischem Dill servieren.

445 kcal (1863 kJ), 55.9 g Eiweiß, 7.1 g Fett, 38.2 g Kohlenhydrate (3.2 BE)

Sauerbraten in Brottrunk-Marinade

1 kg mageres Rindfleisch
40 g Butter
1 Zwiebel
1 Möhre
1 Stück Sellerie
2 Scheiben Pumpernickel
1-2 EL Rübensirup
5 altbackene Brötchen
2 Scheiben Pumpernickel
0,15 l Milch
1 gehackte Zwiebel
feingewiegte Petersilie
2 Eier
1 kleiner Blumenkohl
300 g Brokkoli
20 g Butter
1 EL Stärke
Salz, Pfeffer
Muskat, Zimt

Für die Marinade:

1/2 Flasche Brottrunk
1/4 l Rotwein
3/4 l Wasser
1 EL Salz
1/2 TL weißer Pfeffer
1 EL Honig
1 Stange Zimt
5 Pfefferkörner
1 Lorbeerblatt
1 Möhre
1 Stück Sellerie
1 Zwiebel

Die Zutaten für die Marinade aufkochen, abkühlen lassen und das Fleisch 3-4 Tage darin einlegen. Das marinierte Fleisch in heißer Butter anbraten. Zwiebel, Möhre und Sellerie grob zerkleinern und mitdünsten. Mit der Hälfte der Marinade aufgießen, Pumpernickel und Rübensirup zugeben und etwa 1 1/2 Stunden zugedeckt garen. Inzwischen für den Pumpernickelkloß Brötchen und Pumpernickel zerkleinern und in lauwarmer Milch gut durchziehen lassen. Mit Zwiebelstücken, Petersilie und Eiern zu einem mittelfesten Teig verarbeiten. Mit Salz, Pfeffer und Muskat würzen und einen länglichen Kloß formen. In ein Tuch einrollen und in kochendem Salzwasser 20 Minuten ziehen lassen. Blumenkohl und Brokkoli putzen, in Salzwasser 8-12 Minuten garen und in heißer Butter schwenken. Das Fleisch aus dem Bräter nehmen, die Sauce durch ein Sieb passieren, eventuell noch mit Stärke binden und mit Pfeffer, Honig und einer Prise Zimt nachwürzen. Sauerbraten in Scheiben schneiden und mit Birne und Preiselbeeren garniert servieren. Dazu den in Scheiben geschnittenen Pumpernickelkloß reichen.

909 kcal (3803 kJ), 69.4 g Eiweiß, 38.0 g Fett, 71.8 g Kohlenhydrate (6.0 BE)

Lammkeule in Brottrunk-Marinade

Für die Marinade:

2 Zwiebeln
1-3 Knoblauchzehen
1 Möhre
1/2 Stange Lauch
2-3 Lorbeerblätter
4-5 Rosmarinzweige
6-8 Pfefferkörner
1/2 l Weißwein
0,7 l Brottrunk
Salz, Pfeffer

Für die Lammkeule:

1 Lammkeule (ca.1,5 kg)
30 g Butter
2 Zwiebeln
3 Knoblauchzehen
5 Rosmarinzweige
800 g Gemüse (grüne Bohnen, Möhren, Lauch, Paprika)
800 g Kartoffeln
5 EL Olivenöl

Das Gemüse putzen und waschen. Zwiebeln und Knoblauchzehen schälen und vierteln, Möhren und Lauch in Scheiben schneiden. Alles mit den Gewürzen und dem Weißwein aufkochen. Abkühlen lassen und Brottrunk zugeben. Lammkeule waschen, von Sehnen und Hautresten befreien. Salzen, pfeffern und in der Marinade einlegen. Kalt stellen und zwei Tage in der Marinade ziehen lassen.

Das Fleisch abtropfen lassen, mit Küchenkrepp trockentupfen. Salzen, pfeffern und mit einer feingehackten Knoblauchzehe einreiben. Die Butter in einem Bräter erhitzen und die Lammkeule darin rundum anbraten. Knoblauch, grobgehackte Zwiebeln und Rosmarinzweige zugeben und kurz mitdünsten. Anschließend mit 1/2 l Marinadenflüssigkeit angießen und die Lammkeule im vorgeheizten Ofen bei 220-230° C ca. 1 Stunde garen.

Inzwischen die Kartoffeln schälen und das Gemüse vorbereiten. Das Gemüse in mundgerechte Stücke schneiden, rings um das Fleisch in den Bräter geben und bei reduzierter Hitze 30 Minuten mitgaren. Die Kartoffeln in gleich große Würfel schneiden und in heißem Olivenöl rundum knusprig braten, anschließend leicht salzen und pfeffern.

786 kcal (3289 kJ), 82.9 g Eiweiß, 32.0 g Fett, 40.9 g Kohlenhydrate (3.4 BE)

Unser Tip:
Brottrunk eignet sich hervorragend zum Einlegen von Fleisch und Wild.

Brottrunk

Kaninchen mit Backpflaumen

Für die Marinade:

2 Möhren
2 Zwiebeln
1/2 Sellerieknolle
1 Petersilienwurzeln
2 Lorbeerblätter
5 Wacholderbeeren
2 Zweige Thymian
5 Pfefferkörner
1 EL Zuckerrüben-Sirup
1/2 l Rotwein
Salz, Pfeffer
0,7 l Original Kanne Brottrunk

Für den Braten:

1 Kaninchen
50 Butter
2 EL Mehl
350 g Trockenpflaumen
2 Zwiebeln
2-3 TL Enzym-Ferment Getreide
1 EL Johannisbeergelee

Das für die Marinade gedachte Gemüse putzen und waschen. Die Zwiebeln schälen und vierteln, Möhren und Sellerie kleinschneiden und alles zusammen mit den Gewürzen und dem Rotwein aufkochen. Abkühlen lassen und Brottrunk zugeben.

Kaninchen vom Metzger ausnehmen lassen. In Portionsstücke teilen, Hautreste und Sehnen entfernen, das Fleisch kalt abbrausen und trockentupfen. Die Kaninchenstücke in der Marinade einlegen, so daß das Fleisch bedeckt ist. Kalt stellen und 1 1/2 Tage in der Marinade ziehen lassen. Die Backpflaumen über Nacht einweichen lassen.

Butter erhitzen und das Kaninchen darin scharf anbraten. Mit Mehl bestäuben und mit 1/2 l Wasser und 1/2 l Marinadenflüssigkeit auffüllen. Zwiebeln schälen, vierteln und zusammen mit den eingeweichten Backpflaumen an die Marinade geben. Den Kaninchenbraten im vorgeheizten Ofen bei 180-200° C etwa 1 1/2 Stunden garen lassen. Dabei mehrmals wenden und gegebenenfalls Marinade auffüllen. Nach dem Garen die Sauce mit dem Fermentgetreide und dem Johannisbeergelee abschmecken und servieren.

588 kcal (2460 kJ), 82.7 g Eiweiß, 16.8 g Fett, 25.0 g Kohlenhydrate (2.1 BE)

Hirschbraten, mariniert in Brottrunk

1 kg Hirschfleisch
30 g Butter
1 kleingeschnittene Möhre
2 geviertelte Zwiebeln
800 g Kartoffeln
0,1 l Milch
50 g Grieß
1 Ei
2 Scheiben Pumpernickel
600 g Rosenkohl
1 EL Butter
1 EL Stärke
Preiselbeerkompott

Für die Marinade:

1/2 Flasche Brottrunk
1/4 l Rotwein
3/4 l Wasser
1 EL Salz
1 TL Honig
1/2 TL weißer Pfeffer aus der Mühle
5 Pfefferkörner
5 Wacholderbeeren
1 Lorbeerblatt
1 Möhre
1 Stück Sellerie
1 Zwiebel

Die Zutaten für die Marinade aufkochen, abkühlen lassen und das Hirschfleisch 1-2 Tage darin einlegen. Das Fleisch salzen, pfeffern und in heißer Butter im Bräter anbraten. 2 Tassen Marinade angießen, Möhre und Zwiebeln zugeben und zugedeckt 1 1/4 Stunden garen lassen. Kartoffeln schälen und in eine Schüssel mit kaltem Wasser reiben. Die Kartoffelmasse gut auspressen, dabei das Wasser auffangen. Die darin befindliche Stärke abtrennen, an die Kartoffelmasse geben. Milch erhitzen, den Grieß zugeben, quellen lassen und das Ei unterrühren. Mit den Kartoffeln vermengen, die Masse salzen und gleich große Knödel formen. Diese mit Pumpernickel-Würfeln füllen und in Salzwasser 20 Minuten kochen lassen, anschließend in zerkrümeltem Pumpernickel wälzen. Rosenkohl putzen, waschen, in Salzwasser 15 Minuten kochen und in heißer Butter schwenken. Den Hirschbraten aus dem Bräter nehmen, die Sauce abseihen und mit etwas Stärke binden. Kurz aufkochen lassen, würzen und mit Preiselbeeren abschmecken. Das Fleisch in Scheiben schneiden, mit Kartoffelknödeln und Preiselbeersauce servieren.

723 kcal (3.025 kJ), 70.4 g Eiweiß, 22.1 g Fett, 59.6 g Kohlenhydrate, (5.0 BE)

Fermentgetreide-Konfekt mit Honig

(ergibt 20 Kugeln)

120 g Enzym-Ferment Getreide
60 g gemahlene Haselnüsse
140 g Honig
20 g Haferflocken
25 g gehobelte, geröstete Mandeln
25 g gehackte Haselnüsse

Fermentgetreide mit den gemahlenen Haselnüssen und dem Honig gut durchkneten. 20 Kugeln formen und in Haferflocken, gehobelten Mandeln und gehackten Haselnüssen wälzen.

Pro Kugel: 79 kcal (333 kJ),1.5 g Eiweiß, 3.5 g Fett, 10.5 g Kohlenhydrate (0.9 BE)

Fermentgetreide-Konfekt mit Mandeln

(ergibt 20 Kugeln)

120 g Enzym-Ferment Getreide
50 g gemahlene Mandeln
140 g Honig
1 EL Brottrunk
20 g Haferflocken
25 g gehobelte, geröstete Mandeln
25 g gehackte Haselnüsse

Fermentgetreide mit den gemahlenen Mandeln, Honig und Brottrunk gut durchkneten. 20 Kugeln formen und in Haferflocken, gehobelten Mandeln und gehackten Haselnüssen wälzen.

Pro Kugel: 75 kcal (312 kJ),
1.6 g Eiweiß, 3.0 g Fett,
10.3 g Kohlenhydrate (0.9 BE)

Fermentgetreide-Konfekt mit Rübenkraut

(ergibt 20 Kugeln)

120 g Enzym-Ferment Getreide
70 g Honig
70 g Rübenkraut
60 g gemahlene Haselnüsse
1 EL Brottrunk
20 g Haferflocken
25 g gehobelte, geröstete Mandeln
25 g gehackte Haselnüsse

Fermentgetreide mit Honig, Rübenkraut, den gemahlenen Haselnüssen und dem Brottrunk gut durchkneten. 20 Kugeln formen und in Haferflocken, gehobelten Mandeln und gehackten Haselnüssen wälzen.

Pro Kugel: 78 kcal (326 kJ),
1.6 g Eiweiß, 3.5 g Fett, 10.0 g
Kohlenhydrate (0.8 BE)

Bratapfel mit Quittenmus

Für 1 Person

1 säuerlicher Apfel
10 g Enzym-Ferment Getreide
15 g gemahlene Haselnüsse
1 EL Brottrunk
2 TL Quittenmus
Zimt

Das Fermentgetreide mit gemahlenen Haselnüssen und Brottrunk vermengen. Die Masse mit Quittenmus süßen und mit Zimt abschmekken. Apfel ausstechen, mit der Masse füllen und auf Backpapier setzen. Im vorgeheizten Ofen bei 200° C ca. 15 Minuten backen.

202 kcal (845 kJ), 2.9 g Eiweiß, 10 g Fett, 22.8 g Kohlenhydrate (1.9 BE)

Bratapfel mit Rübenkraut

Für 1 Person

10 g Enzym-Ferment Getreide
15 g gemahlene Haselnüsse
1 EL Brottrunk
1 TL Rübenkraut
Zimt
1 säuerlicher Apfel

Fermentgetreide mit gemahlenen Haselnüssen und Brottrunk vermengen. Mit Rübenkraut süßen und mit Zimt abschmecken. Apfel ausstechen, mit der Masse füllen und auf Backpapier setzen. Im vorgeheizten Ofen bei 200° C ca. 15 Minuten backen.

221 kcal (927 kJ), 3.1 g Eiweiß, 9.9 g Fett, 27.9 g Kohlenhydrate (2.3 BE)

Gefüllte Birne

Für 1 Person

10 g Enzym-Ferment Getreide
20 g gemahlene Mandeln
1 EL Brottrunk
1 TL Rübenkraut
Zimt
1 Birne

Fermentgetreide mit gemahlenen Mandeln und Brottrunk vermengen. Mit Rübenkraut und Zimt abschmecken. Birne halbieren, das Kerngehäuse herausschneiden und mit der Masse füllen. Die Birnenhälften auf Backpapier setzen und im vorgeheizten Ofen bei 200° C 12-15 Minuten backen.

257 kcal (1074 kJ), 5.9 g Eiweiß, 11.5 g Fett, 32.0 g Kohlenhydrate (2.7 BE)

Energieriegel

(ergibt 12 Riegel)

50 g geschälter Hafer
125 g Enzym-Ferment Getreide
125 g Honig
60 g Rübenkraut
0,1 l Brottrunk
100 g kernige Haferflocken
40 g gemahlene Haselnüsse

Hafer weichkochen. Fermentgetreide mit Honig und Rübenkraut vermengen und Brottrunk dazugeben. Den gekochten Hafer, 80 g Haferflocken und die gemahlenen Nüsse unterheben und alles gut durchkneten. Aus der Masse 12 Riegel formen, in den restlichen Haferflocken wälzen und auf Backpapier setzen. Im vorgeheizten Ofen bei 180-200° C 12-15 Minuten backen.

Ein Riegel enthält:
145 kcal (607 kJ), 3.2 g Eiweiß,
3.2 g Fett, 25.7 g Kohlenhydrate
(2.1 BE)

Unser Tip:
Besonders lecker schmecken Energieriegel, wenn Sie zusätzlich noch Trockenfrüchte an die Masse geben, wie z.B. Rosinen, Aprikosen, Feigen oder Datteln.

Haferflocken-Bobbes

(ergibt 10 Stück)

175 g Weizenmehl
1/2 Pck. Weinstein
125 g Butter
75 g Honig
50 g kernige Haferflocken
25 g Enzym-Ferment Getreide
50 g Rosinen
100 g gemahlene Haselnüsse
1/2 TL Zimtpulver
1 Prise Meersalz

Das Mehl mit dem Weinstein mischen und in eine Schüssel sieben. Die Butter leicht erwärmen, dann mit den übrigen Zutaten auf das Mehl geben und alles gut verkneten. Den Teig zu einer dicken Rolle von etwa 7 cm Durchmesser formen. Die Teigrolle in 10 daumendicke Scheiben schneiden. Ein Backblech mit Backpapier belegen und die Teigscheiben darauflegen. Im vorgeheizten Backofen bei 190° C etwa 20 Minuten auf mittlerer Einschubhöhe backen.

Ein Stück enthält:
285 kcal (1188 kJ), 4.6 g Eiweiß,
17.5 g Fett, 26.9 g Kohlenhydrate
(2.2 BE)

Sterntaler

(ergibt etwa 40 Stück)

250 g Butter
125 g flüssiger Bienenhonig
500 g Weizenvollkornmehl
1/8 l Wasser
50 g Enzym-Ferment Getreide
Prise Salz
100 g gehackte Haselnüsse
60 g gemahlene Haselnüsse
60 g Enzym-Ferment Getreide
60 g flüssiger Bienenhonig
1-2 EL Brottrunk
50 g Vollmilch-Schokolade

Butter cremig rühren und mit dem Honig vermischen. Mehl, Wasser, Fermentgetreide und Salz hinzufügen und alles gut verkneten. Zuletzt die gehackten Haselnüsse unterrühren. Den Teig 1/2 cm dick ausrollen und etwa 80 Sterne ausstechen. Die Sterne im vorgeheizten Backofen bei 200° C etwa 10 Minuten backen. Für die Füllung die gemahlenen Haselnüsse mit Fermentgetreide, Honig und Brottrunk vermengen. Jeweils einen Teelöffel voll auf die Unterseite eines Sterns geben und einen zweiten Stern mit der Unterseite dagegen drücken. Die Schokolade im Wasserbad erwärmen und die Sterntaler mit der flüssigen Schokolade verzieren.

Pro Sterntaler: 140 kcal (589 kJ), 2.3 g Eiweiß, 8.3 g Fett, 14.1 g Kohlenhydrate (1.2 BE)

Pfannkuchen

300 g Weizenmehl
1/2 l Milch
2-3 TL Enzym-Ferment Getreide
4 EL flüssiger Bienenhonig
4 Eier
2 Äpfel
5 EL Speiseöl zum Ausbacken

Das Mehl mit Milch, Fermentgetreide und Honig zu einem glatten Teig verrühren. Die Eier trennen, die Eidotter unter den Teig ziehen. Die Äpfel schälen, in Stücke schneiden und diese zum Teig geben. Das Eiklar steif schlagen und vorsichtig unter den Teig heben. Öl in einer Pfanne erhitzen und aus dem Pfannkuchenteig 8 Pfannkuchen backen.

584 kcal (2442 kJ), 19.5 g Eiweiß, 24.4 g Fett, 71. 2 g Kohlenhydrate (5.9 BE)

Unser Tip:
Als leckere Alternative kann man Obstpfannkuchen auch sehr gut mit Kirschen oder Heidelbeeren zubereiten!

Nußzopf

500 g Weizenmehl
1/2 Würfel frische Hefe
1/4 l lauwarme Milch
50 g Honig
60 g Butter
Prise Salz
150 g gemahlene Haselnüsse
100 g Honig
2 EL Enzym-Ferment Getreide
1/8 l Brottrunk
5 EL Kaffeesahne
Zimt

Aus Mehl, Hefe, Milch, Honig und Salz einen Hefeteig bereiten, gut durchkneten und zugedeckt an einem warmen Ort eine Stunde gehen lassen. Inzwischen für die Füllung die Haselnüsse mit den übrigen Zutaten vermengen und mit Zimt abschmecken. Den Hefeteig nochmals durchkneten und zu einem Rechteck ausrollen. Mit der Nußfüllung bestreichen und aufrollen. Die gefüllte Teigrolle der Länge nach halbieren und die beiden Stränge mit der Schnittfläche nach oben miteinander verschlingen. Im vorgeheizten Backofen bei 200° C ca. 40 Minuten backen.

Gesamt: 4000 kcal (16735 kJ),
102.6 g Eiweiß, 156.9 g Fett,
544 g Kohlenhydrate (45.3 BE)

Apfelstrudel

250 g Weizenmehl
1 Ei
1 EL Speiseöl
1/8 l lauwarmes Wasser
Prise Salz
1,5 kg Äpfel
250 g Apfelmus
1 EL Enzym-Ferment Getreide
2-3 EL Rosinen
100 g gestiftelte Mandeln
100 g Honig

Aus Mehl, Ei, Öl, Wasser und Salz einen Strudelteig bereiten. Den Strudelteig gut durchkneten, einen Laib formen und diesen zugedeckt etwa 1 Stunde ruhen lassen. Für die Füllung die Äpfel in kleine Stücke schneiden und mit Apfelmus, Fermentgetreide, Rosinen, Mandeln und Zucker vermengen. Den Teiglaib auf einer bemehlten Arbeitsfläche ganz dünn ausrollen und mit der Füllung bestreichen. Den Strudel vorsichtig aufrollen und im vorgeheizten Backofen bei 200° C etwa 40 Minuten goldbraun backen.

Gesamt: 3142 kcal (13146 kJ),
59.8 g Eiweiß, 82.6 g Fett,
532.2 g Kohlenhydrate (44.4 BE)

ORIGINAL
Enzym- Ferment
für Ihr Wohlbefinden
KANNE
Enzym-
Ferment®
Getreide
Ein milchsäurehaltiges Produkt
aus fermentiertem Vollkornbrot -
luftgetrocknet
250 g

Guglhupf

(ergibt 12 Stücke)

4 Eier
125 g Zucker
125 g Butter
1 Prise Salz
1 EL Zitronensaft
350 g Kanne Steinmühlen-Mehl
50 g Weizenkeime
1 Päckchen Weinstein
1/8 l Milch
Butter für die Form
2-3 EL Kakaopulver
Puderzucker

Eier, Zucker, Butter, Salz und Zitronensaft schaumig rühren. Nach und nach das mit Weizenkeimen und Weinstein vermischte Steinmühlen-Mehl und die Milch zugeben und gut verrühren. Die Hälfte der Masse in die gebutterte Guglhupf-Form geben. Kakaopulver unter die restliche Masse rühren, in die Form gießen und beide Schichten vorsichtig mit einer Gabel mischen. Bei 175° C etwa 35-40 Min. backen. Den abgekühlten Kuchen vorsichtig aus der Form stürzen und mit Puderzucker bestäuben.

Ein Stück enthält:
328 kcal (1373 kJ), 7.8 g Eiweiß, 15.7 g Fett, 38.7 g Kohlenhydrate (3.2 BE)

Schoko-Haselnuß-Kuchen

(ergibt 15 Stücke)

3 Eier
50 g Zucker
1 Prise Salz
125 g Butter
3 EL Zuckerrübensirup
250 g Steinmühlen-Mehl
2 EL Enzym-Ferment Getreide
1/2 Päckchen Weinstein
oder Backpulver
4 EL Milch
50 g Schokolade
etwas geriebene Orangenschale
75 g gemahlene Haselnüsse
Butter für die Form

Eier mit Zucker, Salz, Butter und Zuckerrübensirup schaumig rühren. Mehl, Fermentgetreide und Weinstein mischen, zusammen mit der Milch nach und nach einrühren. Schokolade mit dem Messer grob zerhacken. Mit der geriebenen Orangenschale und den gemahlenen Haselnüssen unter die Masse ziehen. Die Masse in eine gebutterte Backform geben bei 175° C für ca. 35-40 Min. backen.

Ein Stück enthält:
239 kcal (1000 kJ), 5.2 g Eiweiß, 13.4 g Fett, 23.9 g Kohlenhydrate (2 BE)

Zwetschgenkuchen

(ergibt 18 Stück)

500 g Kanne Steinmühlenmehl
1/2 Würfel Hefe (20 g)
0,25 l Milch
100 g Zucker
50 g Butter
1/2 TL Salz
5 Zwiebäcke
1,5 kg Zwetschgen
100 g gehackte Mandeln

Aus Mehl, Hefe, Milch,Zucker, Butter und Salz einen Hefeteig bereiten, gut durchkneten und zugedeckt an einem warmen Ort 30 bis 40 Minuten gehen lassen. Nochmals durchkneten. Den Teig auf einer bemehlten Arbeitsfläche ausrollen und auf ein gefettetes Backblech legen. Die Zwiebäcke zerbröseln und auf den Teig streuen. Die Zwetschgen waschen, entsteinen und vierteln und möglichst dicht dachziegelartig auf den Teig setzen. Zwetschgenkuchen mit Mandeln bestreuen, im vorgeheizten Ofen bei 200° C ca. 35 Minuten backen.

Ein Stück enthält:
231 kcal (966 kJ), 5.7 g Eiweiß, 6.6 g Fett, 36.2 g Kohlenhydrate (3.0 BE)

Apfelkuchen

(ergibt 12 Stücke)

150 g Butter
180 g Zucker
2 Päckchen Vanille-Zucker
1 Prise Salz
1 Zitrone
4 Eier
6 EL Milch
350 g Kanne Steinmühlen-Mehl
50 g Weizenkeime
1 EL Enzym-Ferment Getreide
1 Päckchen Weinstein
2-3 TL Zimt
Butter für die Form
6 mittelgroße Äpfel (ca. 900 g)

Butter, Zucker, Vanille-Zucker, Salz und Saft 1/2 Zitrone schaumig rühren. Eier und Milch zufügen. Mehl und Backpulver mischen, mit den Weizenkeimen, Fermentgetreide und Zimt an die Masse geben. Schön glatt rühren und den Rührteig in eine gebutterte Springform geben. Äpfel schälen, vierteln. Die Viertel der Länge nach mehrmals einschneiden, mit der Wölbung nach oben in die Masse drücken und mit Zitronensaft beträufeln. Bei 200° C ca. 35-40 Min. backen.

Ein Stück enthält:
264 kcal (1105 kJ), 7.3 g Eiweiß, 4.8 g Fett, 47.5 g Kohlenhydrate (4 BE)

Steinmühlen-Mehl
WEIZENMEHL
BIO-GETREIDE
MEHLTYPE 1050
1000g

Bauernstuten

(ergibt 3 Brote à 500 g)

1kg Kanne Steinmühlenmehl
2 EL Enzym-Ferment Getreide
50 g Butter
1 Päckchen (42 g) Hefe
20 g Salz
0,5 l lauwarmes Wasser
0,1 l Brottrunk

Mehl und Enzym-Ferment Getreide mischen, mit der Butter in eine Schüssel geben. Die Hefe hineinbröckeln und mit etwas lauwarmem Wasser zu einem Vorteig verrühren. Einige Minuten gehen lassen. Restliche Wasser, Brottrunk und Salz zugeben. Alles zu einem glatten Teig verkneten. Gut 3 Stunden gehen lassen, dabei bilden sich wichtige Enzyme sowie Geschmacksstoffe. Dann den Teig in drei gleichgroße Stücke teilen, diese nochmals durchkneten, zu einem Brotleib formen und auf ein gemehltes Backblech setzen. Nochmals 30 Minuten gehen lassen. Bei 220° C 15 Minuten anbacken, dann bei 200° C weitere 30 Minuten fertigbacken.

Ein Brot enthält:
1.265 kcal (5293 kJ), 41.4 g Eiweiß, 19.8 g Fett, 229.0 g Kohlenhydrate (19.1 BE).

Landbrot

(ergibt 2 Brote à 750 g)

500 g Kanne Steinmühlenmehl
500 g Roggenmehl Type 997
2 EL Enzym-Ferment Getreide
1 TL Brotgewürz
1 Päckchen (42 g) Hefe
15 g Salz
0,6 l lauwarmes Wasser
0,15 l Brottrunk

Steinmühlenmehl, Roggenmehl, Enzym-Ferment Getreide und Brotgewürz mischen und in eine Schüssel geben. In die Mitte eine Mulde drücken, die Hefe hineinbröckeln und mit etwas Wasser verrühren. Einige Minuten gehen lassen. Das restliche Wasser, Brottrunk und Salz zugeben und alles gut verkneten und den Teig 3-4 Stunden bei Raumtemperatur stehen lassen. Den Teig teilen, nochmals durchkneten und die runden Teiglaibe mit dem Schluß nach unten auf ein mit Backpapier belegtes Blech legen. An einem warmen Ort 20 Minuten gehen lassen. Im vorgeheizten Backofen bei 220° C ca. 1 Stunde backen.

Ein Brot enthält:
1.654 kcal (6922 kJ), 50.6 g Eiweiß, 7.5 g Fett, 344.8 g Kohlenhydrate (28.7 BE).

Steinmühlen-Mehl
WEIZENMEHL
BIO-GETREIDE
MEHLTYPE 1050
1000g
Steinmühlen-Mehl
1000g

Vitamin-Drink

Für 1 Person

0,15 l Gemüsesaft
0,1 l Brottrunk
weißer Pfeffer aus der Mühle
1 Partytomate

Gemüsesaft mit Brottrunk verquirlen und mit Pfeffer pikant abschmecken. Mit einer Partytomate garnieren.

47 kcal (197 kJ), 2.0 g Eiweiß, 0.1 g Fett, 7.9 g Kohlenhydrate (0.7 BE)

Rote-Bete-Saft

Für 1 Person

0,1 l Brottrunk
0,1 l Rote-Bete-Saft
1 Prise Muskat

Brottrunk mit Rote-Bete-Saft verquirlen und mit Muskat abschmekken. Kühl servieren.

44 kcal (184 kJ), 2.1 g Eiweiß, 8.1 g Kohlenhydrate (0.7 BE)

Möhrensaft

Für 1 Person

0,1 l Möhrensaft
0,1 l Brottrunk
1 TL Honig

Möhrensaft mit dem Brottrunk verquirlen und mit Honig abschmekken.

62 kcal (259 kJ), 2.0 g Eiweiß, 0.1 g Fett; 13.1 g Kohlenhydrate (1.1 BE)

Selleriesaft

Für 1 Person

0,1 l Brottrunk
0,1 l Selleriesaft
1 El gehackte Kräuter

Brottrunk mit dem Selleriesaft verquirlen und mit den gehackten Kräutern würzen. Kühl servieren

39 kcal (164 kJ), 2.6 g Eiweiß, 0.1 g Fett, 6.6 g Kohlenhydrate (0.5 BE)

Tomatensaft

Für 1 Person

0,1 l Tomatensaft
0,1 l Brottrunk
1 EL Schnittlauchröllchen

Tomatensaft mit Brottrunk verquirlen, mit Schnittlauch würzen. Gut gekühlt servieren.

25 kcal (105 kJ), 1.9 g Eiweiß, 0.1 g Fett, 3.0 g Kohlenhydrate (0.3 BE)

Apfel-Flip

Für 2 Personen

100 g Apfelmus
1/8 l Buttermilch
1/8 l Brottrunk
2 TL Enzym-Ferment Getreide
1 TL Honig
Zimt

Apfelmus mit Buttermilch, Brottrunk und Fermentgetreide verrühren und mit Honig und Zimt abschmecken. In 2 Gläser gießen, kühl servieren.

110 kcal (460 kJ), 4.1 g Eiweiß, 0.6 g Fett, 21.6 g Kohlenhydrate (1.8 BE)

Brottrunk mit Pumpernickel-Joghurt

Für 2 Personen

1 Scheibe Pumpernickel
1 EL Honig
250 g fettarmer Joghurt
0,1 l Brottrunk

Pumpernickel zerbröseln, mit Honig mischen und anrösten. Joghurt und Brottrunk verquirlen, den gerösteten Pumpernickel unterrühren und kurz durchziehen lassen. Mit Pumpernickelrand servieren.

125 kcal (523 kJ), 6.5 g Eiweiß, 2.2 g Fett, 19.3 g Kohlenhydrate (1.6 BE)

Gemüse-Buttermilch

Für 1 Person

0,1 l Buttermilch
2 TL Enzym-Ferment Getreide
0,1 l Brottrunk
0,1 l Gemüsesaft
Salz, Pfeffer aus der Mühle
Knoblauchzehe

Buttermilch mit Fermentgetreide, Brottrunk und Gemüsesaft verquirlen. Mit Pfeffer, Salz und frisch gepreßtem Knoblauch pikant würzen.

99 kcal (414 kJ), 6.0 g Eiweiß, 0.7 g Fett, 15.2 g Kohlenhydrate (1.3 BE)

ORIGINAL
Brottrunk

Brottrunk mit Johannisbeer-Nektar

Für 1 Person

0,1 l Brottrunk
0,1 l roter Johannisbeernektar
Mineralwasser
einige Johannisbeeren

Brottrunk mit Johannisbeernektar verrühren, in ein Kelchglas füllen und mit Mineralwasser auffüllen. Mit Johannisbeeren dekoriert servieren.

58 kcal (243 kJ), 1.5 g Eiweiß, 13.2 g Kohlenhydrate (1.1 BE)

Brottrunk mit Apfelsaft

Für 1 Person

0,1 l Brottrunk
0,1 l Apfelsaft
Mineralwasser

Brottrunk mit Apfelsaft mischen, in ein Glas füllen und mit etwas Mineralwasser auffüllen.

55 kcal (230 kJ), 1.2 g Eiweiß, 11.7 g Kohlenhydrate (1.0 BE)

Brottrunk mit Traubensaft

Für 1 Person

0,1 l Brottrunk
0,1 l roter Traubensaft
Mineralwasser zum Auffüllen
einige Trauben

Brottrunk mit Traubensaft mischen. Mit Mineralwasser aufgiessen. Glasrand mit den Trauben garnieren. Kühl servieren.

77 kcal (322 kJ), 1.3 g Eiweiß, 17.1 g Kohlenhydrate (1.4 BE)

Brottrunk mit Birnensaft

Für 1 Person

0,1 l Brottrunk
0,1 l Birnensaft
1 TL Honig

Brottrunk mit Birnennektar mischen und mit Honig süßen. Glasrand mit einem Birnenschnitz garnieren.

63 kcal (263 kJ), 1.2 g Eiweiß, 0.1 g Fett, 13.4 g Kohlenhydrate (1.1 BE)

KANNE
BROT-
TRUNK

Kraftspender

Für 1 Person

0,15 l Brottrunk
150 g Vollmilch-Joghurt
1 TL Honig

Brottrunk gut mit dem Joghurt verquirlen und mit Honig abschmecken. Kühl servieren.

119 kcal (497 kJ), 6.6 g Eiweiß, 5.4 g Fett, 10.2 g Kohlenhydrate (0.9 BE)

Fitmacher

Für 1 Person

0,15 l Brottrunk
150 g Vollmilch-Joghurt
1 TL Enzym-Ferment Getreide
2 EL Schnittlauchröllchen
2 TL Tomatenmark
1 Prise Salz

Brottrunk mit dem Joghurt verquirlen. Fermentgetreide und die Schnittlauchröllchen unterrühren. Mit Tomatenmark und Salz abschmecken.

122 kcal (510 kJ), 7.3 g Eiweiß, 5.6 g Fett, 9.8 g Kohlenhydrate (0.8 BE)

Pikanter Kresse-Drink

Für 1 Person

0,15 l Brottrunk
150 g Vollmilch-Joghurt
1 TL Enzym-Ferment Getreide
1/2 Beet feingeschnittene Kresse
1/2 TL Meerrettich

Brottrunk gut mit dem Joghurt verquirlen. Das Fermentgetreide und die Kresse unterrühren. Mit Meerrettich abschmecken.

118 kcal (494 kJ), 7.1 g Eiweiß, 5.5 g Fett, 9.3 g Kohlenhydrate (0.8 BE)

Kräuter-Buttermilch

Für 1 Person

0,1 l Brottrunk
0,1 l Buttermilch
1 TL Enzym-Ferment Getreide
1 El gehackte Kräuter (Petersilie, Schnittlauch, Dill)

Brottrunk mit der Buttermilch verquirlen. Das Fermentgetreide und die gehackten Kräuter unterrühren. Kühl servieren.

58 kcal (244 kJ), 5.1 g Eiweiß, 0.7 g Fett, 7.2 g Kohlenhydrate (0.6 BE)

HANNE Brottrun

Milchsaures Gemüse mit Brottrunk

Milchsauer vergorenes Gemüse wie z.B. Sauerkraut läßt sich mit Hilfe von Brottrunk kinderleicht selbst herstellen. Die im Brottrunk enthaltenen Milchsäurebakterien setzen einen Gärprozeß in Gang, der nach etwa 3 Wochen abgeschlossen ist. Durch die Milchsäuerung wird Gemüserohkost leichter verdaulich. Die Milchsäurebakterien sanieren aber auch unsere Darmflora und schützen uns so vor den verschiedensten Darmerkrankungen!

Weißkraut (ergibt 3 Gläser)

1 kleiner Weißkohl
10 Wacholderbeeren
2 Blatt Lorbeer
6 EL Brottrunk
Salzwasser (15 g Salz pro Liter)

Weißkohl grob raspeln und zusammen mit Wacholderbeeren und Lorbeerblättern in ein Einmachglas geben. Brottrunk dazugeben, mit abgekochtem Salzwasser auffüllen und etwa 3 Wochen lang gären lassen.

254 kcal (1063 kJ), 14.8 g Eiweiß, 2 g Fett, 41.0 g Kohlenhydrate (3.4 BE)

Paprikagemüse (ergibt 1 Glas)

1 rote Paprika
1 gelbe Paprika
1 Frühlingszwiebel
1 EL Brottrunk
Salzwasser (15 g Salz pro Liter)

Paprika und Frühlingszwiebel in Stücke schneiden und in ein Einmachglas geben. Brottrunk dazugeben, mit abgekochtem Salzwasser auffüllen und etwa 3 Wochen lang gären lassen.

74 kcal (309 kJ), 4.8 g Eiweiß, 1.6 g Fett, 9.8 g Kohlenhydrate (0.8 BE).

Blumenkohl (ergibt 1 Glas)

200 g Blumenkohl
1 Möhre
1 Frühlingszwiebel
2 EL Brottrunk
Salzwasser (15 g Salz pro Liter)

Blumenkohl, Möhre und Frühlingszwiebel in Stücke schneiden und in ein Einmachglas geben. Brottrunk dazugeben, mit abgekochtem Salzwasser auffüllen und etwa 3 Wochen lang gären lassen.

68 kcal (285 kJ), 6.4 g Eiweiß, 0.8 g Fett, 8.5 g Kohlenhydrate (0.7 BE)

0,75 l

Gemüsesalat mit Kräutersauce

2 EL Haferkörner
Verschiedene milchsauer eingelegte Gemüse z.B.:
250 g Blumenkohl
1 gelbe Paprika
2 rote Paprika
200 g Weißkraut
2 Möhren
Basilikum
200 g saure Sahne
5-6 EL Brottrunk
frische gehackte Kräuter
Salz, Pfeffer aus der Mühle

Haferkörner in Salzwasser weichkochen. Das milchgesäuerte Gemüse auf einem Teller anrichten und mit den Haferkörnern bestreuen. Mit Basilikum garnieren. Die saure Sahne mit dem Brottrunk verrühren. Mit den gehackten Kräutern, Salz und Pfeffer würzen und als Kräutersoße zum Gemüse reichen.

170 kcal (712 kJ), 5.9 g Eiweiß, 10.2 g Fett, 13.0 g Kohlenhydrate (1.1 BE)

Sauerkrautsalat mit Früchten

1 Apfel
1 Möhre
1 Zwiebel
250 g Weintrauben
500 g milchsauer vergorenes Sauerkraut aus Eigenproduktion
2 EL saure Sahne
1 EL Speiseöl
1 EL Brottrunk
1 TL Honig
1 TL Enzym-Ferment Getreide
Salz
3 EL geh. Walnüsse

Apfel und Möhre gut waschen und feinraspeln. Zwiebel schälen und feinhacken. Weintrauben halbieren und entkernen. Mit dem Sauerkraut vermischen, dabei einige Weintrauben zurückbehalten. Saure Sahne mit Öl und Brottrunk verrühren, mit Honig, Fermentgetreide und Salz abschmecken und über die Salatzutaten geben. Alles gut durchmischen und mit Walnüssen und Weintrauben garniert servieren.

188 kcal (787 kJ), 4.5 g Eiweiß, 8.8 g Fett, 20.5 g Kohlenhydrate (1.7 BE)

KANNE
Brot
Trunk

Das sollten Sie probieren...

Gesundheit ist unser wertvollstes Gut. Deshalb weiß jeder, der viel unterwegs ist, Hotels, Restaurants und Cafés zu schätzen, wo er nicht nur gut, sondern auch gesund essen und trinken kann.

Zu den besonders empfehlenswerten Hotels gehört das Strandhotel Ostseeblick in Heringsdorf auf Usedom, im äußersten Nord-Osten Deutschlands. In dem herrlich gelegenen Wellness-Hotel können Sie sogar eine Brottrunk-Kur machen.

Strandhotel Ostseeblick,
Familie Wehrmann, Kulmstraße 28,
17424 Seebad Heringsdorf/Insel
Usedom, Tel. 038378/54-0.

Gut bewirtet werden Sie auch im Café Sixt in Neustadt an der Weinstraße. Die traditionsreiche Konditorei beweist, daß sich Gesundheit und Feinschmeckerei mühelos auf einen Nenner bringen lassen.

So wechselt die Palette der Konditoreiartikel im Rhythmus der Jahreszeiten. Die Sommertorten sind ein Festival der Früchte: Erdbeer-Rhabarbertorte mit Joghurt, herrlich frische Cassismousse, Kiwi-Erdbeertorte und Apfelkuchen. Hervorragend sind auch die selbstgemachten Eisspezialitäten. Qualität bedeutet Frische.

Im Café Sixt werden Konditoreiartikel aus ausgesuchten Rohstoffen täglich frisch hergestellt – ohne Verwendung von Convenience-Produkten. Sonntags gibt es ein reichhaltiges Frühstücksbüffet mit Früchte-Müsli, frischen Obstsalaten, Kräuterquark, vegetarischen Brotaufstrichen, Gemüse-Quiche, Konfitüre aus eigener Herstellung, leckeren Drinks, wie z.B. Kanne Brottrunk mit Passionsfrucht und Johannisbeernektar, Gurkenjoghurt-Drinks und vieles mehr.

Die Konditorei stellt auch Lebensmittel für Allergiker her: Kuchen und Gebäcke ohne Mehl, Milcheiweiß, Ei und Zucker.

Wer Pikantes liebt, wird mit Gemüsegratin, frischen Salaten, Kartoffelauflauf und Suppen verwöhnt. Zu den Spezialitäten gehören die Kartoffelsuppe mit Fermentgetreide und der Pfälzer Zwetschgenkuchen.

Café Konditorei Sixt,
Hauptstraße 3,
67433 Neustadt Weinstraße,
Tel. 06321/2192.

Ärzte vertrauen auf Brottrunk

Wer sich gesund ernähren will, kommt an Brottrunk und Enzym-Ferment Getreide nicht vorbei. Wie wertvoll diese milchsäurehaltigen Lebensmittel von Ärzten erachtet werden, zeigt sich auch darin, daß immer mehr Kliniken Brottrunk und Fermentgetreide im Rahmen einer gesunden Ernährung verwenden und im Kampf gegen die Krankheiten einsetzen.

Obwohl ständig Fortschritte in Medizin und Heilbehandlung gemacht werden, nehmen Zivilisationskrankheiten besorgniserregend zu. Darunter fallen Krankheiten, die durch Zivilisationseinflüsse und der daraus folgenden geringeren Widerstandsfähigkeit stärker heraustreten. Dazu gehören u.a. Erkältungen, Verdauungs- und Kreislaufstörungen, aber auch Stoffwechselstörungen und Allergien. Auffallend ist die stark wachsende Zahl der Allergiker, deren Potential mittlerweile bei über 30 % liegt.

Die wichtigsten Ursachen für den stetigen Anstieg dieser Erkrankungen liegen in einer zunehmenden Strapazierung unserer Umwelt. Dies wiederum hat zur Folge, daß Luft, Boden und Wasser immer mehr mit Schadstoffen belastet werden, von denen viele in die Nahrungskette übergehen. Eine weitere Ursache stellt die direkte Belastung des Menschen durch die Streßfaktoren unserer modernen Leistungsgesellschaft dar, unter denen immer mehr Menschen leiden, wie z.B. Lärm, Leistungs- und Termindruck etc. Einen entscheidenden Einfluß spielt aber die Ernährung. Die Folgen falscher Ernährung sehen wir tagtäglich in Form von Übergewicht, Diabetes mellitus, Hyperuricämie, Blutfettstörungen, Bluthochdruck und anderen Ernährungskrankheiten. Die beste Medizin gegen viele dieser Krankheiten ist deshalb die Vorbeugung durch richtige Ernährung. Eine ganz besondere Rolle spielt dabei eine funktionierende Verdauung und ein gesunder Darm. Genau hier, bei der Darmsanierung, setzen Brottrunk und Fermentgetreide an. Sie stärken das Immunsystem, sanieren den Darm und helfen, Schadstoffe über den Darm auszuleiten. Das haben viele Ärzte erkannt und setzen die positiven Wirkungen von Brottrunk und Fermentgetreide in ihren Therapien zu Nutzen der Patienten ein, beispielsweise

- Die TriNaturale Fachklinik für Naturheilverfahren, 85635 Höhenkirchen, Leitung Dr. M. Gaisbauer
- Die Spezialklinik Neukirchen, 93453 Neukirchen, Leitung Dr. G. Ionescu
- Die Habichtswaldklinik, 34131 Kassel, Leitung Dr. Wolfrum
- Die gisunt-Klinik, 26384 Wilhelmshaven, Leitung Prof. Dr. W. Wehner
- Die Krebsklinik Graal-Müritz, 18181 Graal-Müritz, Frau Dr. Fritsche-Huth
- Die Klinik St. Georg, 83043 Bad Aibling, Leitung Prof. Dr. F.R. Douwes
- Die Kur-Klinik am Olgabad, 75323 Bad Wildbad, Herr Dr. Zander
- Die Kinder-Krebs-Nachsorgeklinik Tannheim, 78052 Villingen-Schwenningen
- Und viele anderen Kliniken im Inland und Ausland.

ISBN 3-00-003794-2

Autor: Herbert Wirths
Fotos: Studio Sattelberger, Füssen
Konzept, Rezepte, Umschlag: Wirths PR, Fischach
Satz und Layout: Typoline, Thannhausen
Gesamterstellung: Deni Druck & Verlags GmbH, Thannhausen

Wir danken den Firmen Rotkäppchen Peter Jülich GmbH & Co. und Zott GmbH & Co. für die freundliche Überlassung von Fotomaterial.